우리 역사를 바꾼 전쟁들

우리 역사를 바꾼 전쟁

그 역사의 현장을 찾아서

이희진·김우선 지음

책미래

우리역사를 바꾼 전쟁들

1판 1쇄 발행 | 2014년 10월 30일

지은이 | 이희진, 김우선
주 간 | 정재승
교 정 | 홍영숙
디자인 | 배경태
펴낸이 | 배규호
펴낸곳 | 책미래

출판등록 | 제2010-000289호
주 소 | 서울시 마포구 공덕동 463 현대하이엘 1728호
전 화 | 02-3471-8080
팩 스 | 02-6353-2383
이메일 | liveblue@hanmail.net

ISBN 979-11-85134-20-8 03910

국립중앙도서관 출판시도서목록(CIP)

우리역사를 바꾼 전쟁들 / 지은이: 이희진, 김우선. -- 서울
 : 책미래, 2014
   p. ;   cm

권말부록: 방어시설로서의 수원화성 구조와 의문들 등
ISBN 979-11-85134-20-8 03910 : ₩16000

한국사[韓國史]
전쟁사[戰爭史]

911-KDC5
951.9-DDC21   CIP2014030104

들어가면서

　전쟁사에 관심을 가진 지 20년이 넘었고, 그동안 많은 연구를 해왔다. 그러다 보면 우리 역사에 큰 영향을 주었던 전쟁에 대해 다루게 되고 여기서 새로운 사실들을 발견하게 된다. 특히 지금까지 알려져 왔던 양상과 다른 내용을 발견하는 것은, 연구를 하는 보람이자, 흥밋거리라 할 수 있다.

　그래도 아쉬웠던 점은 그동안의 연구와 저술이 문헌자료에 치중해 왔다는 사실이다. 그러다 보니 상대적으로 현장을 찾아 남아 있는 기록과 비교해 보는 '답사'에 대해서는 소홀하게 다룬 감이 없지 않았다. 상당한 시간 동안 이런 점이 풀어야 할 숙제처럼 남아 있었다.

　그러던 중, 평소에 알고 지내던 지인들끼리 이런 문제에 대해 이야기를 나누다가 의기투합이 되었다. 사진작가와 군사전문가, 내용을 정리할 사람을 한 팀으로 묶어 전적지를 찾는 답사기를 써 보는 것이 어떻겠느냐는 이야기가 나왔던 것이다. 이것이 계기가 되어 전적지에 관한 답사기를 추진하게 되었다.

　솔직하게 말하자면 처음에는 이와 같이 의기투합이 되어 추진한 일이었건만, 여러 가지 사정으로 일의 진척이 늦어지면서 중간에 많은 우여곡절을 거쳤다. 그러면서 원래 가졌던 생각을 이 책에 모두 담아내지는 못했다.

　그렇지만 여러 한계에도 불구하고 이 책이 몇 가지 성과는 거두었다고 본다. 먼저 이 책 이전에는 전적지를 직접 찾아가 군사적인 관점에서 남아 있는 기록과 맞추어 분석해 보는 경우가 별로 없었다. 대개는 이 분야에서 앞서 있던 외국, 특히 서양 전쟁에 대한 답사연구를 소개하는 경우가 대부분이다.

　결국 정작 우리 역사 속에서 중요했던 전쟁의 전적지를 찾아 살펴보고 여기서 얻은 정보를 통해, 현지에서 벌어졌던 전투를 재구성해 보는 경우는 거의 없었다고 해도 지나친 말이 아니다. 이러한 시도를 해 본 것부터가 이 책이 처음이 아닌가 한다. 이것만 해도 기본적인 의의를 찾을 수 있을 것이다.

　그리고 또 한 가지 덧붙이고 싶은 성과가 있다. 현장 답사에서는 문헌 등에 나타난 사실을 현장에서 확인하는 것을 큰 의미로 여긴다. 기록을 통해 단순하게 사실을 인식하는 것과 현장에 가서 사람들이 무엇 때문에 그런 선택을 했느냐를 느끼는 것은 현격한 차이가 있다. 이러한 요소를 찾아 기록으로 남겨 놓는 것만 해도 적지 않은 성과라 할 수 있다.

　그런데 현장 답사를 나가 보면 이를 뛰어 넘는 의외의 성과를 거두는 경우도 있다. 현지에서의 답사를 통해 얻은 정보 때문에 그동안 알고 있던 내용이 뒤집힐 때가 있는 것이다. 이 책의 내용 상당 부분이 그러한 내용이다. 황산벌 전투 이후 백제군의 움직임, 처인성 전투의 양상, 춘천 전투에서 소양교가 돌파당하는 상황 등은 그러한 사례가 될 것이다. 널리 알려진 것과 전혀 다른 양상을 현장에서 확인하는 경우라 할 수 있다.

이번 답사에서 이렇게 알려지지 않았던 이야기를 발굴하는 성과를 거두었다. 물론 이것이 얼마나 정확한지는 전문적인 연구를 통해 더 밝혀져야 할 것이지만, 그래도 이 책에서 밝힌 사실들이 의미가 없지는 않을 것이다. 이 책을 통해 새로운 사실을 밝혀내는 과정에 동참해 보시기 바란다.

2014년 10월 이희진

| 차례 |

전쟁을

우리 역사를 바꾼

1. 매도된 전쟁
- 황산벌과 백강 전투

기본적인 사실부터 왜곡된 전쟁

한국 고대사에 있어서 백제라는 나라가 중요한 만큼, 그 멸망 과정에서 일어났던 전쟁에 대해서도 기본적인 관심은 있다. 그래서 백제 멸망과 관련된 드라마나 영화만 해도 여러 편 만들어졌으며, 상당수는 흥행에도 성공했다. 그런데 그러한 관심에 비하면, 황당하다고 할 수 있을 정도로 기본적인 사실조차 잘못 알려져 있는 경우가 많다.

그렇게 된 원인은 근본적으로 백제의 역사가 패자(敗者)의 역사이기 때문일 것이다. 특히 유교적 사고방식에 젖어 있는 문화에서는, 나라가 망한 원인을 통치자를 비롯한 지배층의 타락에서 찾는 경향이 있다. 그래서 백제의 마지막 왕인 의자왕부터, 실제로는 있지도 않았던 삼천궁녀와 놀아나며 정사를 돌보지 않았다는 억울한 소리를 듣고 있다.

그러다 보니 백제를 멸망시킨 전쟁에 대해서도 많은 왜곡이 생겼다. 그 중 확실하게 왜곡되어 있는 사실 중 하나가 바로 '백강을 막지 않았다'는 점이다. 이 점은 백제가 멸망하게 된 데에 상당히 중요한 요소인데도 잘못 알려진 사실이 바로잡히지 않고 있다. 관련 기록에는 백제가 나당연합군이 백강으로 들어오는 것을 막기 위해 병력을 배치해 두고 기다렸다는 점이 명백하게 나타난다. 그럼에도 불구하고 확인조차 하지 않고 사실처럼 몰아가 버리고 있는 것이다.

이 기록들을 보면 백제가 '성충과 흥수의 충고를 무시하고' 백강을 막지 않았다는 인식이 왜곡된 사실에 기반을 두고 있다는 점은 명백하다. 그렇다면 일단 백제의 전략 수립 자체에 문제가 있었던 것은 아니라고 할 수 있다.

오히려 명백하게 병력을 배치하고 방어를 시도했던 백강 방면의 전선이 무방비로 뚫린 것처럼 기록을 남겨 놓았다는 사실이 의미심장하다. 이렇게 있었던 사실을 없었던 것처럼 묻어 버렸다면, 이와 관련된 다른 과정이라고 제대로 묘사되어 있다는 보장은 없다. 즉 서로 엇갈리는 기록 자체가 백제군의 전략과 움직임을 왜곡시키고 있다는 이야기다.

그리고 그렇게 잘못 알려져 있는 사실들을 전제로 백제라는 나라 자체와 그에 관련된 인물들을 평가하고 있는 것이 현실이다. 냉정하게 따져 보면 당시 백제는 압도적인 병력을 갖춘 적을 상대로 힘겨운 싸움을 벌여야 했다. 기록에 따르면 이때 투입된 당나라 군대는 최소 10만 명에서 최대 13만명, 신라군은 5만명이었다고 한다. 이 정도 전력을 상대하는 것 자체가 백제로서는 벅찬 상황이다.

물론 아무리 불리한 상황이었다고 해도, 더 나은 결과를 가져올 수 있었는데도, 백제 측의 어이없는 실책 때문에 나라가 망했다면 백제 지배층의 무능과 분열이 멸망의 주요 원인이라는 평가가 내려진다 해도 큰 문제가 없다. 그러나 그렇지 않다면 이런 평가 자체가 대표적인 역사 왜곡이 될 것이다.

그렇기 때문에라도 황산벌과 백강 전투 전적지를 돌아보는 의미가 클 것 같다. 이번 기회에 현지를 답사하면서 잘못 알려진 사실들을 바로잡고, 실제 전쟁이 어떻게 진행되었는지 추적해 보도록 하겠다.

기벌포 지역의 구조와 장항

이번 답사의 시발점은 당시 '백강' 또는 '웅진강'이라고 불렸던 지금의 금강 하구로 잡았다. 시간적으로는 황산벌보다 나중에 벌어진 전투였지만, 전체 전쟁의 양상을 보는 데에는 이쪽 전선에 대한 이해가 먼저여야 할 것 같아서였다.

이 방면의 전투 양상에 대한 기록은 여기저기 남아 있지만, 그다지 구체적으로 사정을 알려주고 있지는 않다. 게다가 기록마다 서로 엇갈리게 남아 있어 혼란을 일으킬 여지가 크다. 물론 역사 논문이 아닌 답사기에서 그런 시비를 가릴 여유는 없다.

그러니 일단 확실하게 남아 있는 상황을 중심으로 당시의 전투를 추적해 보기로 한다. 그러자면 우선 당시 나당연합군의 전략부터 확인해 볼 필요가 있다. 물론 너무 자세하게 다루면 주객이 전도될 염려가 있으니 간단하게 요약해 보자.

나당연합군에 있어서 가장 문제점은 대규모 군대가 먼 곳의 원정에 나설 경우 자연스럽게 따르게 되는 보급의 어려움이었다. 그래서 압도적인 병력을 갖추고 주력 전투부대의 역할을 하는 당나라 군대는, 배를 타고 해안선을 따라 내려와 백강으로 들어와 물길을 타고 사비로 진격하는 길을 택했다. 그리고 김유신이 이끄는 신라군 주력은 보급품을 가지고 육로로 이동하여 사비에서 합류하겠다는 것이 나당연합군의 기본 전략으로 파악할 수 있다.

　이 전략에 따라 소정방이 이끄는 당나라 함대는 북쪽에서 해안선을 타고 내려와야 했다. 그러다가 해변에 배치된 백제군을 보고 뱃머리를 돌려 반대편 기슭에 상륙했다는 점 정도는 기록에 확실하게 남아 있다. 이러한 기록에서 일반적으로 알려진 것과는 달리 백제군이 미리 백강 입구에 배치되어 당나라 군대의 상륙을 막으려 했다는 사실을 알 수 있다. 그리고 백제군이 상륙한 당군을 공격해 왔으나, 이미 상륙을 끝내고 산 위에 진을 치고 있던 당군에 대패했다는 것이 전투의 대체적인 윤곽이다.

　기록은 이와 같이 구체적으로 남아 있지 않지만, 실제로 벌어졌던 전투에는 보다 복잡한 속사정이 숨겨져 있을 것이 틀림없다. 그 속사정을 알아보기 위하여 이 지역에 와서 맨 처음 가 본 곳이 '장항 백사장'이다.

　소정방이 가장 먼저 고려했을 상륙 지점이 이곳이었을 것이기 때문이다. 현지에 와 보면 상륙 지점으로 이곳을 먼저 고려할 수밖에 없었던 이유가 드러난다. 우선 함대를 이끌고 백제의 수도 사비성 깊숙이 진격하려면 일단 백강 입구에 상륙을 해야 한다. 만약 상륙을 하지 않고, 함대가 그냥 강 줄기를 따라 올라가다가는 큰일 나는 수가 있다.

백강, 즉 지금의 금강은 그리 크지 않은 강이다. 그렇기 때문에 강폭이 넓지 않다. 이 점은 군사적인 의미가 크다. 강변만 장악하고 있으면 강을 거슬러 올라가는 함대를 공격할 방법이 얼마든지 있다는 뜻이 되기 때문이다.

수백 미터 이상의 사정거리를 가진 노(弩)는 말할 것도 없고, 활의 사정거리 안에도 함대가 들어 올 수 있다. 강변에서 함대를 공격하는 측에서는 굳이 사람을 맞힐 필요도 없다. 불화살만 쏘아 선박에만 타격을 입혀도 기본적인 효과는 낸다.

반면 함대에서 강변의 적에게 반격을 가하기는 쉽지 않다. 함대의 공격 방법이라고는 노(弩)와 활밖에 없다. 사정거리가 제법 긴 노(弩)는 배 위에 설치하기도 어렵고 제대로 쏘기는 더욱 어렵다. 활까지도 물 위에 떠 흔들거리는 배 위에서는 조준조차 제대로 되지 않는다. 미리 대기하며 은폐·엄폐되어 있는 적을 명중시키기는 곤란하다.

따라서 적이 강변을 장악하고 있는 상태에서 함대가 강을 거슬러 올라가는 것은 자살행위나 다름없다. 그렇기 때문에 함대를 끌고 적이 장악하고 있는 강을 거슬러 올라가려는 발상을 하기가 어려운 것이다.

이런 위험을 제거하기 위해서라도 어떻게든 상륙을 하기는 해야 한다. 그러니 백강 입구 어딘가를 골라 상륙해야 할 수밖에 없다. 그런데 왜 장항 지역이 우선이었을까?

소정방의 함대는 북쪽에서 해안선을 따라 남쪽으로 내려오고 있었다. 이렇게 백강 하구 쪽으로 접근하게 되면 장항 지역이 먼저 눈에 들어오게 되어 있는 것이다. 물론 단순히 먼저 눈에 보인다고 이곳을 우선적인 상륙 지점을 정할 수밖에 없었다는 뜻은 아니다. 이외에도 여기가

장암리 지명 유래를 설명한 안내판 – 여기에 이곳이 기벌포였다는 내용이 있다.

우선이었을 만한 이유는 또 있다.

이 점을 확인하기 위하여 당시 기벌포라고 불렸던 지금의 장항부터 찾았다. 이곳 안내판에 장암리라는 지명의 유래를 설명하면서 이곳이 기벌포였다는 설명이 붙어 있다.

네비게이터의 소개로는 장항백사장이라고 되어 있는데, 동해안의 깨끗한 백사장 이미지는 아니다.

그래도 모래를 딛고 있다는 느낌은 확실하게 든다. 옆에 계시던 김우선 선생께서는 이 모래는 위의 사구에서 깎여 쌓인 것이라, 예전에는 뻘이 더 길었을 것이라는 말씀을 하신다. 확인하기 위해 바다 쪽으로 움직여 보니 역시 바다 쪽으로 갈수록 갯벌의 성격이 더 강하게 나타난다.

그래도 모래가 섞여 있어 그렇게 사람의 몸이 푹푹 빠질 정도는 아니다. 그만큼 상륙하기에는 이곳이 적합한 지역이다. 뒤에 설명하겠지만,

금강하구: 기벌포 일대 백사장은 자동차 바퀴가 빠지지 않을 정도로 단단한 편이다. 육지와의 경계에는 해안사구와 송림이 발달해 있다. 현재의 장항읍은 간척사업이 시작된 1929년까지는 갈대밭이었다.

백강 입구의 반대쪽 기슭에 해당하는 지금의 군산 지역은 갯벌이 펼쳐져 있었다고 한다. 그러니까 지리적으로 조금이라도 사비 쪽에 가까울 뿐 아니라, 사람이 푹푹 빠질 정도의 갯벌보다는 모래 비율이 높은 장항 지역이 조금이라도 상륙 지점으로서는 좋은 곳이라고 할 수 있다.

　이런 점은 백제 쪽에서도 쉽게 알 수 있었다. 즉 당군이 백강으로 진입하려면, 일단 입구에서 상륙을 시도해야 하고, 그러려면 지금의 장항 지역이 더 적합한 상륙 지점이라는 점을 백제 쪽에서도 잘 알고 있었다는 이야기다. 그러니까 백제가 바로 이곳에 병력을 배치하려 했던 것이 당연했다. 소정방이 백강으로 진입하면서 백제군의 배치를 확인했던 것은, 그만큼 이곳이 상륙 지점으로서 적합하다는 사실을 피차 인식한 결

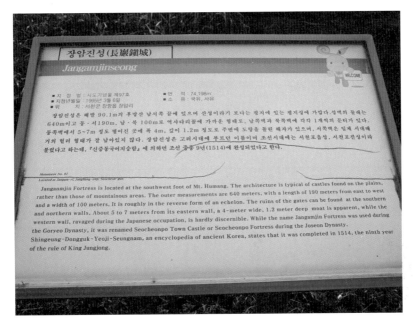

장암진성 안내판

과라고 할 수 있다.

　이런 전략거점이었다는 사실을 반영하듯, 주변에 성이 있다는 안내판
이 붙어 있다.

　이왕 온김에 이 성에도 올라가 보았지만, 백제 때의 모습이 얼마나 남
아 있는지 확인하기는 어려웠다.

장암진성은 해발 90.1미터인 후망산에 위치해 있다. 앞에 보이는 전망산과의 사이에는
해자가 있었다. 1936년 장항제련소가 들어서기 전, 전망산 정상에는 정자 흔적이 남아
있었다는 걸로 보아서 장암진성은 현재 복원된 것보다 훨씬 더 넓은 지역에 걸쳐 존재
했음을 알 수 있다.

자리 잡고 있었으면서도 상륙을 막지 못한 이유

그런데 백제군은 왜 미리 자리 잡고 있었으면서도 당나라 군대의 상륙을 막지 못했을까? 우선 백제 측이 소정방에게 병력 배치를 들켰기 때문이라고 할 수 있겠다. 소정방이 상륙하기 전에 먼저 백제군을 보았기 때문에 뱃머리를 돌려 다른 곳에 상륙할 수 있었다는 의미다.

우리 팀 내부에서 이 자체가 치명적인 실수라는 말도 나왔다. 상륙하는 적에게 결정적인 타격을 주려면 일부 병력이 상륙해서 빼도 박도 못하는 상황을 만들어 놓고 공격해야 한다. 그런데 미리 병력 배치를 들켜서 상륙 지점을 바꿀 수 있는 기회를 준 게 잘못이라는 것이다. 그리고 당군이 선택했던 다른 상륙 지점으로 신속하게 이동하지 못할 만큼 해안에 가까이 병력을 배치했던 것도 실책이라고 했다.

여기서 필자와는 생각이 갈렸다. 병력 배치를 들키지 말아야 했고, 나당연합군의 함대를 따라 변경된 상륙지점으로 신속하게 이동했어야 한다고 말로야 하기는 쉽다. 하지만 이걸 실행으로 옮기는 것은 그리 간단한 문제가 아니다.

먼저 병력 배치를 들켰다는 점부터 보자. 물론 이 자체로만 보면 잘했다고 할 수 있는 것은 아니다. 하지만 그렇다고 해서 방어 실패의 책임을 여기다 돌릴 수 있을 것 같지는 않다.

일단 소정방이 전혀 눈치 채지 못할 만큼 병력 배치를 숨기는 것 자체가 그리 쉬운 일일 것 같지 않다. 10만 명의 당군에 대비해서 병력을 배치하자면 적어도 수천 명 선의 규모는 되어야 한다. 이런 규모의 병력을 좁은 해안에 배치하면서, 전혀 눈에 띄지 않게 한다는 것부터 말처럼 쉬운 일은 아니다.

또 기록 사이에 숨겨진 이야기가 있을 가능성도 너무 쉽게 배제해 버려서는 안 된다. 사료에는

이에 군사를 합하여 웅진강(熊津江) 입구를 막고 강변에 군사를 둔치게 하였다. 정방(定方)이 왼편 물가로 나와 산으로 올라가서 진을 치자 그들과 더불어 싸웠으나 우리 군사가 크게 패하였다. (하략) 《삼국사기(三國史記)》〈백제본기(百濟本紀)〉 의자왕(義慈王) 20년)

(상략) 정방이 성산(城山)으로부터 바다를 건너 웅진강구(熊津江口)에 이르니, 적이 거강(據江)하여 둔병(屯兵)하고 있었다. 정방이 강 동쪽 언덕으로 올라가 산을 타고 진을 쳐서 크게 싸우니 돛을 펴 바다를 덮고 서로 이어 나아가니 적군이 패배하여 전사한 자가 수천 인이었고 저절로 흩어졌다. (하략) 《위당서(舊唐書)》〈열전(列傳)〉 소정방(蘇定方))

(상략) (정방이) 성산(城山)으로부터 바다를 건너 웅진강구(熊津江口)에 이르니, 적이 강가에 둔병(屯兵)하고 있었다. 정방이 강 왼쪽으로 나아가 산을 타고 진을 쳐서 이겼다. (하략) 《신당서(新唐書)》〈열전(列傳)〉 소정방(蘇定方))

등으로만 쓰여 있어 마치 백제군이 해안에 보란 듯이 나와 있었고, 그래서 소정방이 한눈에 알아볼 수 있었던 것처럼 생각하기 쉽다. 하지만 고대사 기록은 극단적으로 요약해서 적어 놓는 성향이 있었음을 감안해야 한다. 후세에 당시 상황을 모르는 사람들이 읽으면 오해하기 쉽게

되어 있는 것이다.

사실 전투 경험이 없지 않은 소정방이 해안에 보이는 것이 없다고 대규모 병력을 덥석 상륙부터 시키려 했을 것 같지는 않다. 어차피 한꺼번에 많은 병력을 상륙시킬 수도 없는 상황이니, 먼저 정찰대부터 상륙시켜 상황을 정탐하면서 점차 상륙 병력을 늘려가는 것이 일반적인 수법이다. 소정방이라고 특별히 이런 정석에서 벗어난 작전을 펴려 했을 이유는 찾을 수 없다.

이 과정에서 대응하는 백제군을 보고 주력부대의 상륙 지점을 바꾸었을 가능성도 얼마든지 있다. 단지 이런 복잡한 과정을 미주알고주알 자세히 남겨 놓지 않는 동양 고대사 기록의 특성상 후대 사람들이 오해하기 쉽도록 기록이 남았을 가능성도 충분하다는 것이다.

그리고 설사 백제군이 병력 배치를 들키지 않았다 해도 당군의 상륙을 완전히 무산시킬 수 있었다고 보기도 어려울 것 같다. 어차피 당군은 백제군에 비해 숫적으로는 비교가 되지 않을 만큼의 병력 우위를 차지하고 있었다. 1차적으로 상륙한 부대가 전멸한다고 해서 상륙 자체를 포기할 만큼의 타격이 된다고 보기 어려운 것이다. 그러니 백제군의 부담은 커진다.

백제군의 실책이 컸다는 주장대로라면 백제군은 당군의 눈에 띄지 않는 해안의 뒤쪽에 병력을 배치해 놓고 당군이 상륙하기를 기다렸어야 했다는 이야기가 된다. 하지만 그랬다고 해서 상황이 좀 나아졌을 것 같지는 않다.

10만 병력을 자랑했던 당군에 비해 백제군은 절대적인 병력 열세에 있다. 안 그래도 부족한 병력 중에 황산벌 방면으로 5,000명이나 되는 병력을 빼냈으니, 병력 부족은 더 심각한 상황이었다. 그런 수준의 병력을 양쪽 해안 여기저기에 분산시켜 배치하면, 배치하지 않은 것이나 별 차이가 나지 않을 상황이다. 그러니 일단 병력을 집결시켜 두고 상황을 지켜볼 수밖에 없다.

소정방이 장항 부근에서 백제군을 보았을 때 순진하게 '너희들 있는 거 알았으니 나 다른 데 상륙한다'는 티를 냈을 것 같지는 않다. 병력은 남아도는 상황이니 일부 부대로 하여금 장항 지역에 상륙을 시도하는 것은 일도 아니다. 사실 상륙하는 척만 해도 이 지역에 배치되어 있던 백제군이 함부로 빠지지는 못한다.

당군은 이런 점을 이용해서 일부 부대가 장항 부근에 상륙하는 척하면서 백제군을 묶어 둘 수 있다. 그러면서 일부 부대는 군산 방면에 상륙할 수 있고, 그것을 의식해서 백제군이 이동하는 눈치가 보이면 양쪽에 동시 상륙해도 그만이다. 그래도 양쪽 상륙 지점 모두에, 맞서고 있는 백제군보다는 압도적인 병력을 투입할 수 있다. 그러니 최소한 한쪽은 뚫을 수 있다는 계산을 해볼 법했다.

이런 사정을 다 감안해야 하는 백제의 입장에서는 북쪽에서 내려오던 소정방 함대에 가깝고 상륙하기도 좋은 장항 지역을 우선적으로 방어할 수밖에 없었다. 그런데 당군이 상륙 지점을 현장에서 마음대로 바꿀 수 있다는 점 정도는 백제군도 당연히 알고 있는 상식이다.

그렇다면 백제군이 강 건너 반대쪽 기슭에 상륙하는 당군을 쫓아가려면 어떻게 해야 했을까? 방법은 하나다. 현지에 와서 확인하고 있듯이, 다리가 없었던 당시 반대편 해안으로 가려면 도선장에서 배를 타고 이동하는 수밖에 없다. 시대가 지나도 잘 바뀌지 않는다는 도선장의 현

장항도선장 매표소. 장항백사장에서 상류 쪽으로 1.8킬로미터 떨어진 곳에 있다. 1930년대 이전까지 이곳 일대는 갈대가 무성한 갯벌이었다. 편도 15분 걸리는 장항-군산 간 뱃길은 지난 2009년 중단되었다.

도선장에 있는 식당. 그래서 이름도 도선식당이다.

재 위치는 장항 백사장에서 1.8킬로미터 정도 떨어져 있다.

이곳에서 병력을 배에 태워 반대쪽 기슭으로 이동시켜야 한다. 그런데 이게 말처럼 되는 것이 아니다.

백제군이 군산 지역에 적이 상륙한다는 사실을 알고 병력을 빼기 시작하면 이번에는 상륙하기가 더 쉽고, 수도 사비로 진격하기도 조금이라도 쉬운 장항 지역에 당군 부대가 상륙해 버릴 수도 있다. 반대로 그 점을 역이용하여, 앞서도 언급했던 것처럼 당군의 일부 병력은 상륙하는 척하면서 장항 지역에 배치되어 있던 백제군을 묶어 놓을 수 있었다.

이런 상황을 염두에 두면 장항 지역에서 병력을 쉽게 빼내 도선장으로 이동시켜 배를 태우고, 이들을 다시 반대쪽 도선장에 내려놓고 상륙 지점으로 투입하는 것이 쉬웠을 것 같지는 않다. 그렇다면 어떤 대책이 있었을까?

뻘이 발목을 잡아 줄 것이다. 그러나……

병력이 부족한 백제군이 지금의 장항 방면을 우선적으로 지키다가, 당군의 압박을 받으면서 병력을 빼내 반대편 해안인 군산 지역으로 미리 이동시켜 이 방면에 상륙하는 당군을 저지하는 것이 쉽지 않다고 했다. 그렇다면 백제는 어떤 복안을 가지고 있었을까?

백제군의 입장에서 믿는 점은 있었다. 바로 자연의 장애물이다. 어디에 상륙하건 해안의 갯벌이나 모래밭을 지나며 병력을 올려놓는 것은 상당한 시간과 노력이 필요한 일이다. 더구나 병사들의 입장에서는 보통 고역이 아니다.

수영복만 입은 몸으로도 해안의 갯벌이나 모래밭에서 자유롭게 움직이기는 쉽지 않다. 하물며 완전무장한 몸으로 이런 곳에 내려진 병사들의 움직임은 둔해질 수밖에 없다. 더구나 몇 명 안 되는 사람들이 자유롭게 해수욕이나 즐기자는 상황이 아니다. 몇 만 명의 부대가 상륙해야 하는 상황인 것이다.

좁은 해안에 이만한 병력을 한꺼번에 내려놓을 만한 공간을 확보하는 것부터가 어렵다. 그러니 앞에 내린 병사들이 제대로 올라가지 못하면, 병력이 아무리 많아도 뒤의 부대는 상륙하지 못하고 기다려야 한다.

더욱이 그 시대는 요즘처럼 상륙정 같은 것이 개발되어 있는 때가 아니다. 대규모 상륙작전을 감행하려면, 해안에 들어올 수 없는 큰 배에서 상륙이 가능한 작은 배로 병사들이 옮겨 타야 한다. 당시로서는 이런 작은 배를 많이 확보해서 신라까지 끌고 오기 곤란했다.

이래저래 한꺼번에 많은 병력이 상륙하기는 불가능했을 상황이다. 이러한 상황을 감안하면, 백제군 병력이 제대로 배치되어 있지 않은 군산 지역에 나당연합군이 상륙한다 하더라도 교두보를 확보하기까지 시간이 제법 걸린다. 이런 중에 백제군이 상륙 지점으로 이동해서 공격하면, 병력이 열세에 있더라도 어느 정도의 타격은 줄 수 있다는 계산을 해 볼 법했다.

여기에 상륙부대에게는 또 한 가지 약점이 더 있다. 고대의 함정(艦艇)에는 근현대처럼 함포 같은 게 장착(裝着)되어 있는 것이 아니라, 함대에서 상륙부대를 지원할 수단이 거의 없다. 이 때문에 상륙부대는 상륙을 완료할 때까지는 거의 일방적으로 상대의 노와 활의 공격에 노출된다.

이런 상황은 상륙부대의 궁수들이 진영을 갖추고 상대 궁수를 견제해 줄 수 있을 때까지 계속된다. 상륙부대는 이 과정에서 희생을 치러야 하며, 살아남은 병사들도 상당한 체력소모를 하게 된다.

병사들의 체력소모 역시 상륙부대의 입장에서는 심각한 문제가 된다. 총을 쓰는 현대전에서는 힘을 별로 쓰지 않아도 되는데도 부담스러운 문제다. 하물며 적과 맞붙어 창·칼을 휘둘러야 하는 당시 전투에서는 더욱 부담스러워진다.

적어도 수백 미터나 되는 거리를 몸도 제대로 가누지 못하며 달려가 숨이 턱에 찬 병사들이 제대로 싸울 수 없다. 싸우고 싶어도 몸이 많을 듣지 않는 상황이 벌어진다. 제대로 진영을 갖추기도 어렵다. 미리 자리 잡고 기다리는 방어부대에 비해 훨씬 불리한 상황에서 싸워야 하는 것이다. 백제는 이러한 상황을 기대하며 백강 방면의 전투에 임했을 것이다.

"이때에 군사를 놓아 공격하면 마치 조롱 속에 있는 닭을 죽이고 그물에 걸린 물고기를 잡는 것과 같습니다"라는 부분은 바로 이러한 상황을 뜻하는 것이다. 그렇기 때문에 여기서는 '타이밍'이 중요한 변수가 된다. 타이밍을 잘 맞춰 상륙하는 중에 공격을 가할 수 있다면 소수의 병력으로도 막강한 적을 물리칠 수 있겠지만, 만약 이 타이밍을 놓치면 그것으로 기회를 잃게 된다.

그러면 실제 전투에서 타이밍 싸움은 어떻게 결판이 났을까? 이 점을 확인하기 위하여 우리는 곧바로 차를 타고 장항에서 군산으로 이동했다. 지금은 다리가 놓여 있어 차로 쉽게 건널 수 있지만, 그런 것이 없었던 당시에는 배로 건너야 했다. 그런데 장항 백사장에서 1.8킬로미터

군산 쪽에 남아 있는 갯벌의 흔적

쯤 떨어진 지역에 도선장이 있다. 도선장의 위치는 예나 지금이나 잘 바뀌지 않는다고 한다. 이 도선장의 위치가 이후 벌어진 사태를 설명하는데에 많은 단서가 된다.

군산 지역에 도착해 보니 간척사업을 통하여 항구를 정비해 놓은 점이 두드러지게 드러난다. 그래서 옛 모습을 찾기는 조금 어려워졌다. 하지만 그렇다고 해서 완전히 없어지지는 않았다.

간척사업이 본격적으로 이루어지기 전까지만 해도 이곳에는 갯벌이 펼쳐져 있었다고 한다. 바로 여기 있었던 갯벌이 상륙부대의 발목을 잡아 줄 장애물이었다. 사료(史料)에도 이 점을 시사하는 내용이 나온다.

장군 소정방과 김인문 등은 바다를 따라 기벌포(伎伐浦)로 들어갔는

데 해안이 진흙이어서 빠져 갈 수 없으므로 이에 버들로 엮은 자리를 깔아 군사를 진군시켜 당나라 군대와 신라군이 합동으로 백제를 쳐서 멸하였다. 《삼국사기(三國史記)》〈열전(列傳)〉 김유신(金庾信) 중(中)》

라는 기록이다. 갯벌로 이루어져 있었던 과거 이곳의 지형과 맞아 떨어지는 대목이다. 현지의 지형과 기록을 맞추어 보면 당시의 상황이 대충 그려진다.

양도(良圖)의 지략

소정방의 함대는 북쪽에서 해안을 따라 내려오고 있었다. 처음 상륙지점으로 의식하고 있었던 곳은 백강(현재 금강) 입구 중 북쪽에서 가까우며 모래밭이라 상대적으로 상륙하기에도 좋은 곳이 지금의 장항 지역이었다.

하지만 어떻게 파악했는지는 몰라도 소정방은 이곳에 백제군이 배치되어 있다는 사실을 간파했다. 그래서 급히 뱃머리를 돌려 변경한 상륙지점이 바로 지금의 군산 지역이다. 기록에는 강 왼쪽, 또는 동쪽이라는 식으로만 묘사되어 있다. 사실 이 자체만 가지고서는 누구를 기준으로 한 왼쪽인지, 그래서 어디에 상륙을 했다는 것인지 한눈에 알아보기가 쉽지 않다.

하지만 현지에 와보니 훤히 보인다. 북쪽에서 해안을 타고 내려오던 소정방의 입장에서 가까와 먼저 눈에 띄기도 하고, 상륙하기도 제법 좋은 지역이 강 북쪽인 지금의 장항 지역이다. 그런데 여기 백제군이 배치되어 있었기 때문에 상륙 지점을 반대편 기슭으로 바꾸었다면 당연히 지금의 군산 지역이 된다. 왼쪽이라는 것은 내륙 쪽에서 본 방향이 되겠다.

진흙으로 이루어진 이곳의 갯벌은 상륙에 애로사항으로 작용할 수 있었다. 백제군이 기대하고 있던 점이 바로 그것이었으나, 나당연합군은 이에 대한 대책을 세워가지고 왔다. 이 대책을 세운 주인공이 신라 장군인 양도(良圖)였다. 그는 진골 출신으로 대아찬(大阿湌)의 관등을 가지고 있었다. 이후 고구려 원정 때에도 뱃길을 이용했던 수군 지휘관으로 알려져 있다.

그가 이 작전에 준비했던 것은 '버들로 엮은 돗자리'였다. 필살기치고는 별 게 아닌 것처럼 보인다. 그렇지만 이것은 백제군의 방어전략을 뿌리부터 흔들어 놓은 도구였다.

양도가 준비한 버들 돗자리 덕분에 병사들이 진흙 속에 빠지는 것을 막을 수 있었던 것이다. 신속한 상륙이 가능해진 것은 당연하다. 바로 시간 지연을 막아 줄 수단인 돗자리 덕분에 상륙해서 교두보를 확보하는 타이밍이 훨씬 빨라지게 되는 것이다. 백제군의 계산이 어긋나게 된 것은 바로 이 타이밍 차이 때문이다.

100척의 선박을 이용하여 당나라 군대와 같이 백강 입구에 상륙한 신라군은 배에 실어 온 버들 돗자리를 깔아 주며 상륙부대의 앞길을 터주는 역할을 했다. 바로 상륙부대의 앞길을 개척해 주는 '전투공병' 역할을 한 것이다. 신라 측의 치밀한 준비로 인하여 상륙작전에 있어서의 중요한 약점 하나를 극복했던 셈이다.

백제군은 이 점을 계산에 넣지 못해 당나라 군대가 상륙하여 산 위에 진을 치고 난 이후에야 반격해 왔다. 이렇게 당나라 군대가 이미 교두보를 확보해 버린 상태에서는 백제군이 압도적인 전력을 가진 당나라 군대를 당해낼 수 없다. 백제는 상당한 희생만 치르고 퇴각해 버렸다. 결과적으로 무모한 공격이 되어 버린 것이다.

별 것 아닌 것 같은 버들 돗자리가 방어 부대의 공격 타이밍을 근본적으로 흔들어 놓는 작용을 한 셈이다. 이렇게 필살기를 준비해서 작전을 쉽게 성공시킨 공으로 양도는 김유신·김인문과 함께 당 고종이 직접 포상하는 3인 중 하나가 되었다. 그만큼 작전 성공에 결정적인 역할을 했다고 인정받은 셈이다.

이것을 계산하지 못한 게 백제군의 '실책'이라고 할 수는 없을 것 같다. 단지 상륙하는 과정에서 당군을 공격하려던 백제의 계획은 일단 무산되었다고 할 수 있다. 그런데 여기서도 조금은 감안해야 할 측면이 있는 듯하다.

기록에는 "정방(定方)이 왼편 물가로 나와 산으로 올라가서 진을 치자 그들과 더불어 싸웠으나 우리 군사가 크게 패하였다"라고만 되어 있다. 여기 "우리(백제) 군사가 크게 패하였다"라는 말이 나와 백제군이 심각한 피해를 입었다고 생각하기도 하지만, 상황을 보아서는 백제가 그렇게 무모하게 당군에 달려들었는지 의문의 여지가 있다.

사실 백제의 입장에서 당군의 백강 상륙을 저지하는 데에 전념할 필요는 없었다. 또 그렇게 하기에 어려움도 너무 컸다. 여기서 백강 방면의 방어전에 임하는 백제군의 애로사항을 생각해 볼 필요가 있다.

상륙 지점을 현장에서 변경할 수 있는 점은 공격 측의 권리에 해당한다. 상륙 지점 변경을 인식하게 된 백제군이 당군을 쫓아 반대쪽 군산

금강 하구에서 바다 쪽으로 10킬로미터 지점인 이곳은 간척지로 매립하여 조성한 군산 신시가지이다. 산 정상에 정자가 보이는 이곳 일대는 과거 '오식도'라는 섬이었다. 오식도는 주변의 유부도, 대죽도, 묵도, 금란도와 더불어 금강 하구를 가로막는 거대한 삼각주 형태의 갯벌을 이루며, 바다로 흘러드는 금강 물줄기를 둘로 나눈다. 당나라 수군 함대는 이 두 개의 수로 가운데 남쪽을 택하여 군산 쪽 해안 갯벌지대에 상륙함으로써 북쪽 수로를 통하여 기벌포 해안에 상륙할 것이라 예상하고 방어진을 펼쳤던 백제군의 허를 찔렀다.

방면으로 이동하는 방법은 역시 배를 타고 강은 건너는 방법뿐이다. 도선장에 대부분의 병력을 배치해놓았다 하더라도 백제군에게는 해결해야 할 난제가 더 남는다.

우선 자신의 병력을 이동시키는 데 충분한 배를 확보해 놓아야 한다는 점이다. 상당 기간 마음먹고 준비했을 신라와 당에 비해, 침공 의도를 파악한 뒤 급하게 동원해야 했던 백제의 입장에서 충분한 배를 확보하기가 쉬웠을 것 같지는 않다. 또 확보된 배를 가지고 써야 할 곳도 있었다. 이 점은 황산벌 전투와도 연결되니 나중에 관련지어 설명해야 할 것 같다.

어쨌든 이런 난점을 안고 있던 백제가 굳이 이 방면에서 승부를 걸기 위하여 교두보를 확보하고 있던 당군에게 달려들어 엄청난 희생을 치렀을까에 대해서는 의문이 생기는 것이다. 백제군이 애초 계획을 짤 때 백강 방면에서 어느 정도의 전과를 기대했는지 보여 주는 기록은 현재 없다.

정황을 보아서 백제가 현실적으로 기대할 수 있는 부분은 격퇴라기 보다 '지연(遲延)'이었을 것이라는 추측 정도가 가능할 뿐이다. 개인적으로는 일단 군산 방면으로 병력을 투입한 상태에서 '혹시'의 가능성을 확인해 보기 위하여 '찔러 본' 정도가 아닌가 한다.

그런 측면에서라면 약간이나마 성과가 있었다고 할 수 있다. 장항 지역보다는 조금이라도 먼 군산 방면으로 상륙 지점을 바꾸게 했고, 상륙 과정에서도 무저항으로 길을 내준 것은 아니었다. 정확하게 어느 만큼인지는 알 길이 없으나, 그래도 기록이 남을 만큼의 전투를 치르게 했다.

이 정도의 효과가 백강 입구에 상륙하는 당군에 대하여 거둔 '전과(戰果)'라면 전과인 셈이다. 큰 성과라고는 할 수 없지만, 절대 열세인 병력에 여러 가지 난점을 안고 치른 전투 치고는 크게 잘못했다고 하기는 곤란할 것 같다.

황산벌의 백제군은 백강 전투에 합류했었다!

당군이 백강에 상륙하는 과정에서 벌어졌던 전투의 양상은 대충 앞서와 같이 그려진다. 그런데 백강의 전투는 완전히 따로 떨어져 벌어졌던 것이 아니었다. 황산벌 방면은 물론 그 뒤에 벌어졌던 전투와도 매우 복잡하게 얽혀 있는 전투였던 것이다.

이 점을 시사하는 기록이 있다.

> 네 번 크게 어울려 싸워[會戰] 모두 이겼으나 군사가 적고 힘도 꺾이어 드디어 패하고 계백도 죽었다. 이에 군사를 합하여 웅진강(熊津江) 입구를 막고 강변에 군사를 둔치게 하였다.

는 기록이다. 황산벌에 투입되었던 백제군 일부가 백강 쪽으로 이동해 합류했다는 뜻인 것이다.

물론 여기에 의문을 가질 수도 있다. 황산벌의 위치는 지금의 논산 또는 연산 지역이라고 본다. 이 중 먼 연산지역에서 백강 하구인 군산까지는 최대 40킬로미터가량 된다. 이동속도가 느린 보병을 기준으로 짧은 시간 안에 이동하기는 부담스러운 거리라는 뜻이 되겠다.

백제군이 황산벌에서 백강까지 이동하는 데 얻을 수 있는 시간을 알아보려면 불가피하게 당시 양쪽에서 벌어졌던 전투의 시차를 계산해 보아야 할 것 같다. 황산벌에서 전투가 벌어진 날은 7월 9일이라고 되어 있다. 이 사실은 기록에 명확하게 나와 있어 시비 걸릴 일이 없다. 그러면 문제는 당군이 백강에 상륙한 날짜다. 여기에 대해서는 기록에 확실하게 써 놓지 않아 약간의 혼선이 생길 수 있다. 또 이 사실이 황산벌에 투입되었던 백제군이 백강으로 돌려진 시점이 애매하게 표현되어 있는 사실과 맞물려 논란의 소지가 있다.

독자들께 어려운 한문을 늘어놓으며 설명하는 것 자체가 좋을 건 없지만, 이 경우에는 해석을 가지고 시비 거는 경우가 많아 어쩔 수 없을 것 같다. 위에 소개된 번역문의 원문은 아래와 같다.

遣將軍堦伯帥死士五千出黃山 與羅兵戰四合皆勝之 兵寡力屈竟敗 堦伯死之 於是 合兵禦熊津口 瀕江屯兵 定方出左涯 乘山而陣與之戰 我軍大敗 《삼국사기(三國史記)》〈백제본기(百濟本紀)〉, 제6 의자왕(義慈王) 출전)

여기서 문제가 되는 점은 이렇다. 번역문에 "이에 군사를 합하여"라고 만 되어 있기 때문에 동시에 공격한 신라군과 당군에 축지법을 쓴 것도 아닌 백제군이 어떻게 양쪽을 오가며 대응했겠느냐는 의문을 가질 수 있는 것이다. 그렇지만 이 부분은 표현의 애매함을 감안해야 한다.

황산벌의 백제군이 백강에 배치되어 있던 병력과 합류한 시점이 한 문으로 '어시(於是)'라고만 적혀 있다. 이 때문에 많은 혼란이 발생한다. '어시(於是)'를 어떻게 해석하느냐에 따라 전투가 벌어진 날짜가 달라지기 때문이다. 별 생각없이 '이때'라고 새기면 비슷한 시간대에 황산벌과 백강에서 전투가 벌어진 것처럼 생각할 수 있다.

하지만 '어시(於是)'는 상당히 많은 범위를 포함하는 시간을 표현한다. 따라서 이를 굳이 황산벌 전투가 벌어진 날과 같은 날짜라고 해석할 필요는 없다. 이런 점을 감안하고 당군의 상륙 시점을 생각해 보면 윤곽을 잡을 수 없을 정도는 아니다. 신라군이 당군과 만나기로 약속했던 원래 날짜가 7월 10일이라는 점이 비교적 확실하게 드러난다. 7월 11일 만난 신라군에게 소정방이 하루 늦었다고 화를 내며 신라군 장수를 처형하려

한 기록이 있다. 그러므로, 원래의 약속 날짜를 알 수 있는 것이다.

그렇다면 7월 10일날 신라군과 만나기로 약속한 당군이 하루라도 일찍 상륙해서 1박을 하며 신라군을 기다리려 했을 것 같지는 않다. 그렇기 때문에 당군이 백강에 상륙한 날짜는 7월 10일로 보아야 한다.

황산벌의 백제군이 백강으로 이동하는 데 하루 정도의 시간 여유가 있었다는 이야기다. 물론 이것만 가지고는 의문이 완전히 해소되지 않을 것이다. 연산-논산 지역에서 금강 하구까지의 거리는 40킬로미터가 넘는다고 보아야 한다. 보병을 중심으로 한 부대가 이동하기에는 부담스러운 거리다.

백제군이 이 거리를 어떻게 이동했을까? 그래서 '기록이 잘못된 것은 아닐까?'라는 의문이 생길 수도 있다. 그런데 그 해답은 완전히 다른 차원에서 찾을 수 있다.

주목하지 않았던 전략 거점, 강경

지금의 연산-논산 방면에서 금강 하구인 군산-장항 지역까지의 거리와 보병의 이동 속도만 가지고 단순하게 생각하면 백제군의 이동은 불가능하다고 생각할 수 있다. 하지만 이런 계산에 빠져 있는 부분이 있다. 이런 발상은 순전히 보병이 도보로만 이동했다는 전제를 놓고 계산한 것이다.

하지만 당시 백제군은 이렇게 짧지 않은 거리를 군이 도보로만 이동할 필요가 없었다. 상륙 지점을 현장에서 바꿔 버릴 수 있는 당군에 맞서 백제군이 병력을 투입하려면 어차피 배가 필요하다는 점은 앞서 강조한 바 있다. 그렇다면 병력이 절대적으로 부족하여 황산벌 방면의 부대를 합쳐야 할 상황에 처한 백제가 이 부대를 백강까지 이동시키는 데에도 배를 이용해야 했다는 이야기다.

어차피 배를 이용해야 했다면, 당군의 견제를 받으며 장항지역에 묶여 있던 백제군을 빼내서 군산 지역을 옮기기는 여러 가지로 어렵다. 백제군의 대책을 추적해 보기 위해서는 일단 백제군이 처한 상황부터 이해해야 할 것이다. 백제군에 있어서 가장 심각한 문제점은 병력의 절대 열세다. 게다가 수륙 양면으로 들어오는 적에 대항하려면 가뜩이나 부족한 병력을 분산시켜 배치해야 한다.

이런 상황에서 선택할 수 있는 해법은 '기동성'을 살리는 것이다. 즉 한쪽 전선에 투입되어 전투를 치른 병력을, 그쪽에서 소모하거나 묶어 놓는 것이 아니라 전투가 일단락 되는 대로 병력을 빼내 다른 전선으로 돌리는 방법이 있었다는 뜻이다.

황산벌 전투에 투입되었던 백제군은 바로 그런 역할을 할 수 있었다. 그러고 보면 상륙한 당군을 공격해 왔던 백제군은 장항 지역에 배치되어 있던 부대가 아니라 황산벌 방면에서 퇴각시켰던 부대일 수 있는 것이다. 병력을 이렇게 운용하면 백제군이 얻을 이점은 많다.

일단 장항 지역에 묶여 있던 백제군은 그저 이 지역에 상륙하려는 당군을 막는 데 집중할 수 있다. 황산벌에 투입되었다가 이동하는 백제군 부대가 일종의 예비대 역할을 하며 대응할 수 있게 되는 것이다. 어차피 군산 방면으로 병력을 이동시키는 데 쓰여야 했던 배는 황산벌에 투입되었던 백제군 부대를 이동시키는 데 쓰면 그만이니 추가적인 부담 같

강경 황산포구 등대 안내판. 이 등대는 1915년에 세워졌으며, 군산-강경-공주 간 정기 운항선들의 야간 항해를 도왔다. 군산에서 강경까지는 34킬로미터로 1960년대까지 배가 다녔다.

은 것도 없다.

그렇게 되면 황산벌 방면에 투입되었던 백제군이 다소 먼 거리를 하루 이내에 이동했다는 문제도 해결된다. 황산벌에 투입되었던 백제군 부대는 먼 거리를 도보로만 이동한 것이 아니라, 황산벌에서 가까운 포구까지 이동한 뒤에 여기 대기시켜 놓았던 배를 타고 이동했던 것이다. 도보보다는 배를 이용하는 편이 훨씬 쉽고 빠르게 백강까지 갈 수 있으니 먼 거리 이동으로 인한 무리를 줄이는 효과도 얻을 수 있다.

이런 측면에서 주목해 보아야 할 거점이 나타난다. 포구로서의 역할이 컸던 강경이다. 사실 이 전쟁에서 지금의 강경의 위치를 주목하는 경우는 거의 없다. 그렇지만 이 위치는 이러한 전략을 실행에 옮기는 데에

강경 황산포구 등대는 1981년에 황산대교가 건설된 이후 수위표로서의 역할도 다하여
철거되었다가 2008년에 복원되었다.

포구 역할을 했던 1920년대 강경 모습

상당히 의미심장한 위치에 있다. 지금은 포구로서의 중요성이 많이 퇴색되었지만, 근대까지만 해도 강경은 매우 중요한 포구였다. 군산을 보고 난 이후, 강경으로 이동해 보니 포구로서의 역할을 했던 역사를 엿볼 수 있다.

그러니 백제 때에도 이곳은 포구로서의 역할을 했다고 보아야 한다. 그렇다면 황산벌 전투에서 퇴각한 백제군이 굳이 도보로 멀리 떨어져 있는 백강까지 갈 필요가 없다. 일단 강경까지 온 다음 여기에 대기시켜 놓은 배를 타고 이동하면 훨씬 빨리 그리고 손쉽게 백강까지 이동할 수 있다.

황산벌의 후보지로 꼽히는 두 지역 중, 논산에서 강경까지는 10킬로미터 정도의 거리다. 연산에서도 약 18킬로미터 정도다. 이 정도면 이동하는 병력이 필요한 시간에 주파하지 못할 만한 거리는 아니다. 구보가 시속 5킬로미터 정도인 점을 감안하면 연산 지역이라 하더라도 세 시간 내외에 강경까지 이동할 수 있다.

여기서부터 백강 하구까지 배로 이동하는 것은 속도도 빠르고 병사들의 체력 소모도 크지 않다. 그러니 포구로서의 역할을 했던 강경을 염두에 두면 황산벌의 백제군이 다음날 상륙한 당군을 맞아 싸우지 못할 이유는 없었던 것이다.

황산벌이 황산성?

그렇다면 이제부터 역으로 황산벌에서는 어떤 양상의 전투가 벌어졌

황산성에서 내려다본 길

을지를 추적해 볼 차례인 것 같다. 그런데 그 전에 짚어 두어야 할 문제가 있다. 최근 들어 충남 지역의 유력한 교수들이 황산벌 전투가 황산성을 비롯한 이 지역 산성에서 벌어졌다고 주장하고 나섰다. 정말 그럴 가능성이 있을까? 확인을 위하여 황산벌 전투 지역의 하나로 지목된 황산성을 비롯한 주변 산성들을 둘러보기로 했다.

그 전에 혹시나 필요한 정보를 얻어볼 수 있지 않을까 해서 백제군사 박물관에 들러 보았다. 지은 지 오래 되지 않은 건물은 매우 깨끗했지만, 정작 중요한 전시물 중에는 볼만한 것이 없다. 호기심 많은 일행 한 사람이 그새 박물관 학예사를 찾아 사무실로 들어섰다. 넉살좋게 학예사와 대화를 나누고 있는 점을 빌미로 필자도 슬쩍 대화에 끼어들었다.

하지만 별로 얻은 것은 없었다. 전시된 자료들을 가지고 황산벌의 위치를 비롯해서 궁금한 이것저것을 물어보았지만, 학예사도 전문 분야가

황산성 주변 도로와 지형을 보여 주는 향적산 등산로 안내도. 황산성은 연산-부여간
도로에서 3~4킬로미터 떨어진 산 위에 있다.

아니라서 잘 모르겠다고 난색을 표시한다. 명색이 이 분야 전문 박물관
인데, 좀 실망스러웠다. 허탈한 웃음으로 마무리 지으며 박물관에서 나
와 곧바로 황산성으로 향했다.

애초부터 황산성 같은 산성들을 전투가 벌어진 황산벌 지역이라고
생각하지는 않았지만, 산성의 입구에 들어서면서부터 일행은 의문을 넘
어 짜증을 냈다. 황산성은 연산에서 부여로 들어가는 큰 길에서 3-4킬
로미터 정도 들어간 산 위에 있다. 그만큼 황산성은 큰 길에서 멀리 떨
어져 있는 것이다.

이런 위치에 있는 산성이 신라군의 사비 진격을 막는 데 도움이 되지
않는다. 조령처럼 산성이 길을 막고 있는 형태라면 모를까, 신라군이 큰
길에서 이 정도 떨어진 거리에 있는 황산성까지 굳이 쫓아와서 백제군
과 싸워 줄 이유가 없기 때문이다.

황산성의 산세

　산 중턱 주차장에 차를 세워 놓고 산성으로 올라가면서부터는 의구심이 원망으로 바뀌기 시작했다. 상당한 거리를 차량으로 이동했으니, 실제로 올라간 거리는 얼마 되지 않았다. 그럼에도 불구하고 힘이 든다.

　김우선 선생께서 만약 당시 신라군이 굳이 이곳을 공격하라는 명령을 받았다면 불만이 폭발했을 것 같다고 하신다. 그 말을 받은 일행은 신라군 부장으로 빙의하여 상황극을 연출하기 시작했다.

　"장군 굳이 여기를 공격해야 하겠사옵니까? 소정방이 기다리고 있사옵니다."

　더위에 숨까지 차오르는 짜증을 웃음으로 날리며 필자도 한마디 보탰다.

　"김유신이 계백에게 빚 받을 게 있었나 보네."

　별로 설득력 없는 학설을 확인하려고 팀원들만 고생시킨 것 같다. 그

충청남도 기념물 제56호임을 알리는 황산성 비석.

래도 성과가 없다고는 할 수 없다. 적어도 이곳에 산성을 쌓은 의도는 확실히 눈에 들어온다. 이런 곳은 유사시에 대비하여 피난을 하기 위해 쌓는, 이른바 '피난성'이라고 보아야 한다.

이 지역은 지나가는 적군을 저지할 목적으로 쌓은 성이 아니라는 뜻이다. 그러니 이런 곳들이 전투가 벌어졌던 '황산벌'이라고 할 수는 없다. 그렇다면 백제 멸망이라고 하면 바로 떠올랐던 황산벌은 과연 어디였을까?

황산벌은 어디였을까?

이 전쟁의 윤곽을 파악하는 데에 핵심적인 요소는 아니지만, 이왕 말이 나온 김에 황산벌이 논산인지 연산인지에 대한 시비에도 하나의 실마리를 제공해 보자. 이 시비는 신라군의 진격통로와 밀접한 관계가 있다.《삼국사기》등, 현재 남아 있는 기록을 보면 신라군이 탄현을 넘어 사비로 진격한 것처럼 되어 있다. 탄현이 어디인지에 대해서도 논란이 있지만, 기본적으로 소백산맥의 어느 지점이라는 정도는 분명하다.

신라군이 소백산맥 어느 지점인 탄현을 넘어왔다면 산맥을 넘어 바로 맞닥뜨려야 하는 곳이 연산 지역이다. 여기를 통과시켜 놓고 그 뒤에 있는 논산 지역에서 막으려 하지는 않았을 것이라는 추측이 가능하다.

그런데 여기서 한 가지 생각해 볼 만한 점도 있다. 신라군이 굳이 탄현을 넘었다고 보아야 하느냐는 점이다. 많은 사람들이 별 생각 없이 '신라군은 탄현을 넘어왔다'고 보는 경향이 있다. 이렇게 생각하는 근거는 의외로 간단하다.

당나라와 신라의 군사가 이미 백강과 탄현을 지났다는 말을 듣고 [왕은] 장군 계백(堦伯)을 보내 결사대 5,000명을 거느리고 황산(黃山)에 나아가 신라 군사와 싸우게 하였다.

라는《삼국사기》의 기록 때문이다. 그런데 이 내용은 좀 생각해 보아야 할 측면이 있다. 특히 "당나라와 신라의 군사가 이미 백강과 탄현을 지났다"라는 부분을 주목해 보아야 한다. 바로 이것이 백제군이 백강을 막지 않아 나당연합군이 무저항으로 통과한 것처럼 왜곡시킨 기록이다.

이 사료에서 주려 했던 메시지는 분명하다. 백제라는 나라에 망조가 들어 당연히 막아야 할 곳도 막지 못했던 수준이었다는 말을 하고 싶은 것이다. 그렇기 때문에 분명히 군대를 출동시켜 막으려 했던 백강 방면마저도 무방비로 뚫렸던 것처럼 써 놓았던 것이다. 그렇다면 "탄현을 지났다"는 구절도 액면 그대로 믿어야 할 필요는 없다.

> 백강(白江)과 탄현(炭峴)은 우리나라의 요충지여서 한 명의 군사와 한 자루의 창으로 막아도 1만 명이 당할 수 없을 것입니다. (백제 좌평 홍수가 의자왕에게 한 말-《삼국사기》백제본기. 의자왕 출전)

라며 방어거점으로서의 탄현을 강조하는 것 자체가 그만큼 탄현이 방어하기에 좋은 요충지라는 이야기가 된다. 그런데 이 점을 뒤집어 생각해 보면 신라군의 입장에서는 지나가고 싶지 않은 지점이라는 뜻이다.

물론 반드시 이곳을 통과해야 하는 지점이라면 신라군 쪽에서 선택의 여지가 없겠다. 그러나 당시 그런 상황이라고 볼 수는 없다. 신라가 한강 지역을 수중에 넣고 있었고, 당군도 그 방면에서 맞이했다.

산맥이 남북 방향으로 늘어서서 지역을 동·서로 갈라놓는 경향이 있는 한반도 지역의 지형상, 지금의 수도권에서 부여로 가는 길이 소백산맥 동쪽에서 부여 방면으로 넘어가는 방향처럼 산맥이 가로막고 있는 건 아니다. 그러니 상대적으로 길도 좋고 선택할 수 있는 방향도 많다. 신라군이 굳이 이런 통로를 마다하고 대군을 끌고 험한 탄현을 넘는 모험을 했을 것 같지는 않다.

물론 여기서 한가지 의문을 표시하기도 한다. 한강 지역에서 사비로 진격하려면 상대적으로 백제 영역을 많이 통과해야 한다. 그러니 그 과정에서 병력 이동 상황도 노출되고 중간에 받을 저항도 크지 않겠느냐는 것이다.

그렇지만 이런 발상은 전선(戰線)을 형성해서 싸우는 현대전에서나 떠올려 볼 법한 이야기다. 당시는 성(城)을 중심으로 방어하는 시대이다. 특별한 경우가 아니면 성 하나하나가 보유하고 있는 병력이 많을 리 없다.

그러니 이때의 신라군처럼 마음먹고 동원한 대군이 성을 우회해서 지나가는데, 성에 주둔한 병력이 이 앞을 가로막고 저항하겠다는 발상은 기본적으로 하기 어렵다. 기껏해야 소수의 병력이 출격하여 유격전 방식으로 괴롭히는 정도다.

하지만 이는 신라군을 '귀찮게' 하는 정도이지 저지한다는 의미를 가지기는 어렵다. 신라군이 이런 정도의 저항이 두려워 북쪽에서 사비로 진군하는 길을 꺼려야 할 이유는 없었다.

그렇다면 신라군은 지형적인 난점이 적은 북쪽 통로를 선택했을 가능성이 더 크다고 보아야 할 것이다. 만약 이 통로를 택했다면 지금의 공주 지역을 거쳐 논산 방면으로 들어오게 되며, 굳이 연산을 거칠 필요가 없어진다. 그렇다면 황산벌도 논산 지역일 가능성이 커지게 된다.

황산벌 전투

전투가 벌어졌던 '황산벌'이 정확하게 어디인지 잘라 말할 수도 없고, 기록도 몇줄 남아 있지 않은 상황이어서 전투의 양상을 정밀하게 묘사하기는 어렵다. 그래도 현지를 둘러보니 기본적인 윤곽은 나온다.

일단 황산벌이 부여에서 그리 먼 지역이 아니다. 무엇보다 백제군이 멀리까지 마중 나가 신라군을 저지할 수 있는 입장이 못 되기 때문이다. 그렇게 보아야 하는 이유는 간단하다. 전근대에는 중간 중간 이동상황에 대한 보고가 들어온다 하더라도 거미줄처럼 얽혀 있는 길 하나를 골라 정확하게 만나기가 어렵다.

이른바 회전(會戰)이라는 개념도 그래서 나왔다. 오죽했으면 서로 전령을 보내 어느 지점에서 만나자고 약속을 했다. 그렇게 해 놓지 않으면, 엇갈리기 십상이었던 것이다. 물론 황산벌 전투에서 신라군이 굳이 당군과 합류하기 전에 중간에서 굳이 백제군을 만나 싸워 주려 했을 리는 없다. 그러니 백제 측에서도 확실하게 신라군의 이동 경로를 확인하고 길을 막기 위해서는 사비 부근으로 접근할 때까지 기다려야 했을 것이다.

또 한 가지 분명한 점이 있다. '황산벌 전투'라고 하니 넓은 벌판에서 백제군과 신라군이 맞붙은 것처럼 생각하기 쉽다. 하지만 황산벌 전투

연산 지역의 낮은 산 사이로 나 있는 길. 과거 야트막한 고갯길이었던 이 아래로는 터널이 뚫려 있다.

에 대해 이런 장면이 연상되는 것은 영화나 드라마 같은 대중 문화의 영향일 뿐 실제 상황은 아니다.

그 점은 백제군의 작전 목표만 생각해 보면 쉽게 드러난다. 황산벌 방면에 투입되었던 백제군의 기본적인 목표는 사비로 진격하는 신라군을 저지하는 것이다. 병력도 부족한 상태에서 이런 임무를 수행하는데, 넓은 벌판을 골라 싸우는 것은 어리석은 짓이다. 당연히 좁은 길목을 지키는 전술을 써야 한다.

논산이건 연산이건 현지를 둘러보면 '벌판'이라고는 하지만 끝없이 평지가 펼쳐져 있는 평야는 아니다. 평지 사이사이에 산줄기가 가로 막고 있는 지형인 것이다. 이 지역을 통과하려면 그런 산줄기 사이로 나 있는 길을 지나야 한다.

백제군의 입장에서는 그런 길들 중 하나를 골라 방어하는 편이 좋다. 기록에서도 그런 상황이 나타나 있다.

> 7월 9일에 유신 등이 황산(黃山) 벌판으로 진군하니, 백제 장군 계백(堦伯)이 군사를 거느리고 와서 먼저 험한 곳을 차지하여 세 군데에 진영을 설치하고 기다리고 있었다. 유신 등은 군사를 세 길로 나누어 네 번을 싸웠으나 전세가 불리하고 사졸들은 힘이 다빠지게 되었다.
>
> 《삼국사기》신라본기. 태종무열왕 출전)

계백이 이끄는 백제군은 황산벌에 먼저 도착하여 신라군을 기다렸던 것이다. 지나갈 수 있는 길 세 개 모두에 병력을 배치해서 우회하지 못하게 한 것 같다. 위의 기록에 따르자면 신라군도 세 개의 길 모두에 돌파 시도를 했다고 한다. 어차피 한 곳이라도 뚫기만 하면 진격할 수가 있는 상황이다. 좁은 길목에는 한꺼번에 투입할 수 있는 병력이 제한되니, 우위에 있는 병력을 활용하기 위하여 이와 같이 세 곳을 모두 공격해 본 것은 아닌가 추측해 본다.

이런 식으로 네 번이나 전투가 벌어졌는데, 신라군은 모두 실패했다. 미리 길목을 막으며 방어했던 백제군의 전술이 제법 먹혔다는 이야기다. 그래서 진격이 저지되고 곤란해진 신라가 썼던 수법은 이미 유명하다. 반굴과 관창같이 어린 화랑을 앞세워 희생시키고 이를 이용해서 병사들을 몰아 댔던 사건에 대해 여기서 다시 언급할 필요는 없을 것이다.

이에 반해 백제군은 방어선이 돌파당하자, 병력을 철수시켰다. 앞서 언급했던 것처럼 이 지역에서 철수시킨 병력은 백강 방면으로 돌려져 그곳의 방어전에 투입되었다. 그러고 보면 황산벌에서 정말 '결사적으로' 전투에 임했던 측은 백제가 아니라 신라 측이라고 해야 할 것 같다.

어쨌든 이 때문에 황산벌 방면에서도 방어선은 돌파되고 신라군이 사비로 진격하는 것을 막지는 못했다. 그렇지만 이 전투가 전혀 성과 없는 실패라고만 볼 수도 없을 듯하다. 당군과 7월 10일 합류하기로 했던 신라군에게 7월 9일부터 전투를 벌여 약속한 날짜에 합류하지 못하게 했다. 이 때문에 신라와 당 사이에 갈등도 생겼다. 또 백제군은 사비 외곽에서도 비슷한 지형을 골라 또 한 번의 전투를 벌였다.

물론 사비가 허무하게 함락되는 바람에, 이런 성과는 있으나 마나한 것이 되어 버리기는 했다. 하지만 이는 의자왕이 웅진성으로 피신하고 태가 제멋대로 왕위에 오르는 사태 때문에 빚어진 것이지, 백제군의 황산벌 방어 전략 자체에 문제가 있었기 때문이라고 할 수는 없다.

맺으면서

지금까지 살펴본 바와 같이 백제가 멸망하는 과정에서 벌어졌던 여러 전투에 대해서는 아직도 많은 사실들이 왜곡되어 전해지고 있다. 기본적인 왜곡 양상은 남아 있는 기록을 통해서도 알 수 있지만, 실제 전쟁이 어떠한 양상으로 진행되었는지에 대해 대략 짐작이라도 해 보기위해서는 현장을 둘러볼 필요가 있었다.

전투가 벌어졌던 현장을 돌며, 남아 있는 기록과 맞추어 보면 이때 벌어진 전투의 양상이 대략 드러난다. 백제군은 먼저 신라군의 진격을 저지시켜 당군과의 합류를 막으려 했다. 많은 사람들이 쉽게 생각하는 것처럼 신라군이 소백산백을 건너는 요충인 탄현으로 온다는 보장은 없었다. 따라서 백제군은 신라군의 위치를 확인할 때까지 출동을 자제해야 했으며, 그 결과 신라군이 사비에서 가까운 곳인 황산벌까지 진격해올 때까지 병력을 출동시키지 못했다.

그리고 알려진 것과는 달리, 계백의 지휘 아래에 출동한 백제군은 신라군을 막는 데에 모든 것을 다 거는 '결사대'가 아니었다. 그랬기 때문에 백제군은 방어선이 돌파당하자 병력을 철수시켰다. 기록에는 나타나지 않지만, 정황을 보아 지연전을 펴는 병력은 남겨 두었던 것 같다.

황산벌에서 철수한 병력은 지금의 강경에서 백강의 물길을 타고 하구쪽으로 이동했다. 그리고 지금의 군산 쪽으로 상륙하는 당군을 저지하는 데에 투입되었다. 물론 여기서도 백제군은 이 한 번의 전투에 모든것을 걸지는 않았다. 한 번의 전투를 치른 후, 생존 병력을 철수시켰다. 그리고 사비 외곽에서 또 한 번의 전투를 치렀다.

백제 측은 이렇게 나당연합군의 진격을 지연시키며, 농성하면서 적이 자멸하기를 기다리려 했던 듯하다. 많은 병력을 동원한 쪽이 보급에 어려움을 겪기 마련이라는 점을 감안하면 나름대로 타당성 있는 전략이라고 평가해 줄 만하다.

물론 이러한 노력은 왕위를 찬탈한 둘째 왕자 태 덕분(?)에 사비성이 내부에서 자멸하는 바람에 무위로 돌아갔다. 이렇게 결과가 좋지 않았다고 해서 이때까지 백제 측이 취했던 적절한 조치들까지 매도당해야 할 이유가 되지는 않을 것이다. 오히려 백제 측의 노력이 승리한 쪽이 남긴 기록에만 의존하는 해석 때문에 묻혀 버리는 현실을 안타까워해야 하지 않을까 한다.

2. 처인성 전투의 미스터리

들어가면서

몽고족은 오랫동안 부족 단위로 유목 생활을 하며 큰 세력을 키우지
못했다. 그러나 13세기 초, 몽고에 칭기즈칸(成吉思汗)이 등장하면서 사
정이 달라졌다. 요나 금의 통치 아래에 있던 몽고족이 칭기즈칸의 영도
아래에 주변 세력을 정복해 나아가기 시작한 것이다. 칭기즈칸은 먼저
서하를 굴복시킨 후, 금에 대한 정벌에 나서 수도 연경(燕京)까지 위협
했다.

금은 화의를 청해 일단 난국을 모면했지만, 이번에는 금 내부에서 거
란족 야율유가(耶律留哥) 등의 반란과 폭동이 일어나기 시작했다. 야율
유가는 몽고에 투항의 뜻을 보여 그 후원을 얻은 다음, 금의 북쪽 지역
에서 자립해 요왕을 자칭했다.

그런데 야율유가는 곧 자기가 세운 나라에서 쫓거나 칭기즈칸에게

의지하는 신세가 되었다. 이후 그는 몽고 군사를 이끌고 자기가 세운 나라를 공격했다. 이 공세에 밀린 거란족은 압록강을 건너 고려 영토로 들어왔다. 고려는 이들을 격퇴시키다가, 결국 침입해 온 거란족을 1218년 9월 평양 동쪽의 강동성(江東城)에 몰아넣었다.

이 무렵 만주에서도 야율유가의 반란 진압을 맡았던 금의 장군 포선만노(蒲鮮萬奴)가 금을 배신하고 대진국[大眞國 : 동진국(東眞國), 동하(東夏)]을 세웠다가 곧 칭기즈칸의 원정군에 항복했다. 몽고 원정군 지휘관 카진(哈眞) 등은 이때 거란족을 토벌하기 위해 몽고군 1만에 동진국 군대 2만까지 동원해서 강동성으로 향했다. 1218년 12월의 일이었다. 마침 큰 눈이 와서 군량 보급이 어렵게 된 몽고·동진군은 고려에 식량 보급과 함께 강동성에 대한 연합작전을 제의해 왔다.

고려에서도 강동성 공략을 추진 중이었지만, 몽고의 속셈을 알 수 없어 한동안 망설였다. 그렇지만 결국 전선에 나가 있던 원수 조충(趙沖)의 결단으로 군량미 1,000석 제공과 함께 강동성에 대한 연합작전을 감행했다.

결국 강동성을 함락시키고 고려와 몽고는 우호적인 분위기 속에서 동맹을 맺었다. 이 동맹은 몽고가 형의 입장인 '형제의 맹약' 형식을 띠고 있었다. 그렇지만 표면적인 우호관계에도 불구하고 고려 쪽에서는 몽고와의 맹약을 탐탁해 하지 않았다.

강동성(江東城)의 전투가 끝난 뒤, 몽고는 고려에 대해 큰 은혜라도 베푼 듯이 해마다 동진국을 경유해서 사절을 파견해 과중한 공물을 요구해 왔다. 특히, 저고여(著古與)는 1221년과 1224년 두 차례에 걸쳐 고려에 파견되어 무례한 행동으로 공물을 요구했다.

이러한 시기에 고려에 와서 많은 물의를 일으켰던 몽고 사신 제구유 일행이 귀국하던 길에 국경 지대에서 피살당했다. 고려에서는 이 사건을 금나라 도둑의 소행이라 주장했다. 그러나 몽고는 고려와 국교를 단절했다.

결국 이 사건을 구실로 1231년 몽고군이 침입해 왔다. 고려 측에서는 선전했지만, 상당한 피해를 치른 후 화의 교섭에 나섰다. 이렇게 해서 고려는 일단 고비를 넘겼으나, 이후 몽고의 심한 내정간섭과 공물의 부담에 시달렸다. 이 때문에 받는 수모와 고통이 커지자, 당시 집권자인 최우는 이에 반발해 강화도로 도읍을 옮기고 장기 항전을 위한 방비를 강화했다.

이러한 조치에 자극받은 몽고군이 다시 침입해 왔다. 이때에도 침공군을 지휘하던 살리타(撒禮塔)는 먼저 강화에 사신을 보내 고려를 질책하고 개경으로의 환도를 촉구했다. 이러한 요구가 받아들여지지 않자, 고려 본토를 유린하면서 고려 조정이 압박을 느껴 항복해 오게 하려는 전략을 폈다.

이에 따라 고려 본토에서는 대구의 부인사[符仁寺 : 부인사(符印寺) 또는 부인사(夫人寺)라고도 한다]에 보관 중인 초조대장경이 불타 버리는 등의 피해를 보았다. 강화도에 자리 잡은 조정에서는 명령만 했을 뿐, 별다른 대책을 세워 주지는 않았다. 그러던 중 처인성(處仁城 : 지금의 龍仁) 부근에서 승려 김윤후(金允侯)가 활로 살리타를 전사하게 하는 사건이 일어났다. 이 때문에 지휘관을 잃은 몽고군은 서둘러 철수했다.

고려 측에서 적극적인 대응을 하지는 못했지만, 그나마 고려 측의 저항으로 몽고군을 물리친 유일한 경우이다. 그래서 그동안 처인성에서 몽고군 지휘관 살리타를 죽인 처인성 전투를 매우 높이 평가해 왔다고 할 수 있다.

처인성에서 전투가 벌어졌을까?

전체적인 맥락에서 보면, 처인성에서 적 지휘관 살리타를 전사시킨 점이 결정적인 중요성을 가지고 있다는 점은 분명하다. 그런데 몽고군에 효과적인 반격을 가하지 못하고 있던 고려군이 처인성에서는 어떻게 해서 결정적인 전과를 올릴 수 있었을까? 살리타를 전사시킨 처인성의 전투가 어떻게 벌어졌는가를 복원해 보기 위해서는 일단 남아 있는 기록을 살펴보아야 한다.

살리타(撒禮塔)가 처인성(處仁城)을 침공하므로 어떤 중(僧) 한 사람이 난리를 피하여 성 안에 있다가 살리타를 쏘아 죽였다.

금년 12월 16일에는 수주(水州)에 속한 고을인 처인(處仁) 부곡(部曲)의 조그마한 성에서 몽고군과 대전하다가 그들의 괴수인 살례탑을 쏘아 죽였고 포로를 잡은 것도 많았으며 패배를 당한 잔당들은 사방으로 분산되었다. 이때로부터 그들의 기운이 꺾여서 일정한 곳에 편히 있을 수 없게 되어 군사를 철수한 듯하다. 그러나 한꺼번에 집결되어 간 것이 아니라 혹은 먼저 가기도 하고 혹은 뒤떨어지기도 하였으며 동에 번쩍 서에 번쩍 하고 있기 때문에 어느 날까지 다 없어질지 또는 어느

곳으로 갈는지 알 수 없다.《고려사》제23권 〈세가〉 제23 고종2년)

고려사에 남아 있는 위의 기록대로라면 살리타를 지휘관으로 한 몽고군이 처인성을 공략하며, 여기서 전투가 벌어졌다. 이 전투의 와중에 어떤 스님이 활을 쏴 살리타를 전사시켰고, 이를 계기로 몽고군의 전열이 무너지며 철수했다. 이것이 고려사의 기록을 토대로 재구성해 본 전투 상황이다.

그리고 대부분의 사람들이 당시의 전투 상황의 줄거리를 이렇게 알고 있다. 그렇지만 현지에 가 보면 뭔가 이상하다는 느낌을 지울 수 없다. 현재 당시 살리타가 전사한 곳은 현재의 경기도 용인시 남사면 아곡리에 있는 처인성으로 알려져 있다. 그런데 이곳에 남아 있는 처인성을 둘러보면 몽고군과 치열한 전투를 벌였던 지역일 수 있을지 의심이 들 수밖에 없는 것이다.

우선 이곳의 넓이가 문제다. 현재 처인성이라고 알려진 곳은 직사각형 형태로 넓이는 1만 9,240제곱미터이다. 원래 성곽 둘레는 425미터였다는데, 조선시대에 이르러 토축된 주위는 3리였다고 한다. 그때부터 이미 성으로서의 기능은 상실하였고, 다만 군창만 남아 있다고 기록되어 있다. 현재 남아 있는 성의 길이는 250미터 정도이다.

원래 성곽 둘레를 기준으로 성의 넓이를 가늠해 봐도, 이 정도 넓이에는 들어갈 수 있는 인원이 제한된다. 얼핏 보아서는 1개 대대 300명 정도의 인원만 들어가도 비좁다는 생각이 들 정도의 넓이다. 게다가 지형상 함락시키기 어려울 정도의 험한 곳에 자리 잡고 있다고 하기도 어렵다. 많이 훼손되었다는 점을 감안하더라도, 성벽의 높이 역시 공략하기

처인성은 평지에 있는 성이라서 멀리서 봐도 그렇게 뚜렷하게 드러나지는 않는다.

처인성 성벽. 처인성은 300명 정도의 인원만 들어가도 비좁다는 생각이 들 정도의 넓이다. 게다가 지형상 함락시키기 어려울 정도의 험한 곳에 자리 잡고 있지도 않기 때문에 과연 여기서 전투가 벌어졌을지 의문이 든다.

처인성 성벽 주변의 도로. 토축 성벽의 높이는 불과 3~4미터 밖에 되지 않는 데다가 말을 탄 채로 올라갈 수 있을 정도로 경사가 완만하다. 처인성과 북쪽으로 마주하고 있는 말안장과 같은 형태의 야산이 바로 살리타이가 화살을 맞고 죽은 곳이라 하여 '사장터'라 불리는 곳이다.

어렵다는 생각이 들지 않을 정도다.

이런 곳에서 막강한 전력을 자랑해 왔던 바 있는 몽고병을 맞아 싸운다는 발상을 할 수 있을 것 같지가 않다. 더구나 당시 처인성을 침공했다는 몽고군은 고려에 파견된 몽고의 최고 지휘관인 살리타가 직접 지휘하고 있었다. 그렇다면 이 부대는 몽고군의 핵심이라고 할 수 있다. 그런 부대가 이와 같은 정도의 성을 공략하면서 최고 지휘관이 전사할 만큼 고전했을 것 같지는 않다.

그렇다면 어찌된 것일까? 먼저 가장 간단한 해답은 처인성의 위치가 잘못 알려졌을 가능성이다. 물론 이 점에 대해서는 앞으로의 고증에 기댈 수밖에 없는 노릇이다.

그렇지 않다면 현재로서는 전투가 벌어진 곳이 이곳이라는 전제로 볼 수밖에 없다. 그러한 전제로 보자면 현지의 상황과 당시 벌어졌던 전투 상황이 잘 맞지 않는 듯하다.

처인성 전투는 어떤 형태였을까?

지금 남아 있는 처인성에서 전투가 벌어졌다는 전제 아래에서는, 여기서 몽고군과 정면충돌을 벌일 수 있는 입지조건이 아니었다고 할 수 있다. 그렇다면 기록에 피상적으로 남아 있는 것과 전혀 다른 형태의 전투가 벌어졌을 가능성을 고려해야 할 것이다.

특히 당시는 고려 조정이 강화도로 피신해 버린 뒤, 본토에서의 조직적인 저항을 사실상 포기해 버린 상황임을 감안해야 한다. 이런 상황에서 정식 군 지휘관도 아닌 승려 신분의 김윤후가, 조건도 좋지 않은 성을 방어해 내기에 충분한 병력을 모았다고 볼 수는 없을 것이다.

그렇다면 몽고군과 싸우는 방법은 제한될 수밖에 없다. 즉 소수의 병력을 모아 이동하는 몽고군을 기습하고 빠지는 유격전이 당시로서는 현실적인 방법이었다. 처인성 부근에서 벌어진 전투라고 이런 형태에서 특별히 예외가 될 상황은 아닌 듯하다. 사실 여러 가지로 전력의 열세에 놓여 있던 고려인들이 방어시설로 믿을 만한 곳도 아닌 처인성에서 몽고군을 맞아 싸웠으리라고 생각하기는 어렵다.

그보다는 처인성 부근의 야산에 매복하고 있다가 지나가는 몽고군을 기습하는 형태였다고 보는 편이 타당할 듯하다. 이렇게 본다면 김윤후가 이끄는 부대가 이와 같은 기습을 가하는 과정에서 한꺼번에 쏘아 댄 화살 중 하나가 살리타는 맞추었을 가능성이 크다. 그리고 살리타가 이렇게 죽자, 몽고군의 지휘계통에 혼선이 생겼고 결국 철수할 수밖에 없었다는 것이다.

그러고 보면 살리타를 김윤후가 직접 사살한 것처럼 알려진 데에도 약간의 의문이 있다. 같은 《고려사》 중에서도 살리타를 사살한 것으로 알려진 승려, 김윤후의 〈열전〉에는 《고려사》 〈세가〉 편 등에 나오는 것과 상충되는 부분이 있다. 다음 기록이 그 내용이다.

김윤후는 고종 때 사람으로서 일찍이 승려로 되어 백현원(白峴院)에 있었는데 몽고병이 오자 김윤후는 처인성(處仁城: 용인)으로 피난 가서 있었다.

몽고 원수 살례탑이 그곳을 공격하여 왔을 때에 김윤후가 그를 격살하였다. 왕이 그의 공을 기특히 여겨서 상장군의 직을 수여하였더니 김윤후가 그 공을 다른 사람에게 사양하면서 말하기를 "전투할 때에 나는 활이나 화살도 갖지 않았는데 어찌하여 감히 귀중한 상(賞)만 받겠느냐?"라고 하며 굳이 받지 않으므로 다시 섭 낭장(攝郞將) 벼슬로 고쳐 주었다.

위 기록의 내용을 보면 기록의 앞쪽에서는 몽고군 지휘관이었던 살리타를 "김윤후가 격살하였다"고 하는 내용이 나타난다. 그런데 이 공으로 왕이 상을 주려 하자, "전투할 때에 나는 활이나 화살도 갖지 않았는데 어찌 감히 귀중한 상(賞)만 받겠느냐?"라고 하며 굳이 받지 않았다고 한다. 즉 김윤후 자신의 말에 따르자면, 그가 살리타를 직접 쏜 것은 아니라는 뜻이 되겠다.

물론 이를 김윤후가 겸허한 표현을 쓰다 보니 나온 것이라고 볼 여지가 없는 것은 아니다. 그러나 왕이 무신 지위 중 최고위직에 속하는 상장군 직을 주려 했다는 점도 고려해야 할 듯하다. 김윤후가 이름 없는 승려였다면, 아무리 살리타를 사살했다 하더라도 그렇게 높은 지위를 주려하지는 않았을 것이다. 그만큼 김윤후가 이끄는 집단이 있었기 때문에 그런 지위를 고려하여 상장군 직을 주려했다고 할 수 있다.

이렇게 본다면 살리타를 쏘아 죽인 당사자는 김윤후가 아님에도 불구하고 그가 포상을 받은 이유도 설명이 된다. 일개 병졸이 적의 최고 지휘관을 사살하는 공을 세우더라도, 그 병졸에게 군 최고 지위를 주려 하는 일은 거의 없다. 그보다는 그 병졸의 직속 상관이 지위에 걸맞은 포상을 받는 일이 흔하다. 김윤후의 경우에도 그가 직접 살리타를 사살했다기보다, 그 휘하에 있던 누군가가 혼전 중에 쏜 화살이 살리타를 사살하는 결과를 가져와, 그 포상을 집단의 지휘자 역할을 했던 김윤후가 받았다고 보는 편이 타당할 것이다.

이렇게 보면 살리타를 전사시킨 사실 자체는 이 전쟁에서 매우 중요했지만, 그렇다고 해서 그 과정까지 많은 사람들이 생각하고 있던 것처럼 장엄한 것은 아니었던 것 같다. 적어도 지금 알려진 처인성에서 살리타가 전사했다는 전제에서라면 그렇다.

그럼에도 불구하고 지금 우리 사회에서는 이렇게 손바닥만한 처인성에서 당시 세계 최강이었던 몽고군을 막아내며 적의 지휘관까지 사살했다는 신화가 통하고 있는 것이다.

3. 실책인가? 중과부적인가?
   '탄금대 전투'

임진왜란과 '탄금대 전투'

선조 25년(1592) 4월, 조선을 침공한 일본군은 부산진성에 이어 동래 성마저 함락시키고 서울로 북상해 왔다. 4월 17일 새벽, 부산에서 달아 난 박홍이 서울에 당도하여 경상도의 여러 고을이 함락되었다는 소식을 전달해 왔다. 약탈 수준의 전쟁이 아니라는 점을 깨달은 조선 조정에서는 이일(李鎰)을 순변사로 삼아 일본군의 진격을 저지하고자 했다. 그러나 이일은 제대로 싸우지도 못하고 상주를 내주었다.

공포에 빠진 조선 조정의 다음 선택은 당시 조선에서 최고의 명장으로 꼽히던 신립(申砬)이었다. 선조는 신립에게 상방검(尙方劍: 임금이 간악한 신하를 제거할 때 쓰는 날카로운 칼)을 하사하여 권위를 높여 주었다. 그렇게 해서 출동하게 된 신립이 일본군을 맞아 싸운 곳이 지금의 충주 지역이었다.

여기서 벌어진 전투가 이른바 '탄금대 전투'였다. 이 자체는 7년 동안 계속된 임진왜란에서 벌어진 하나의 전투에 불과하다. 그렇지만 그 의미가 작지는 않다. 지금도 그렇지만 당시에도 충주는 한반도의 남과 북을 잇는 교통의 요지였다. 남한강의 요지이며, 백두대간 조령이나 계립령을 통하여 낙동강의 요지인 문경·상주를 연결하기 때문에 역사적으로는 한반도의 중원이라 불리며, 중시되었다.

여기에 추가되어야 할 점도 있다. 한국의 지형상, 부산에서 서울로 올라오는 통로에서 천연의 장애물 역할을 하는 것이 백두대간이다. 이곳을 통과할 수 있는 지점은 얼마 되지 않으며, 충주 지역은 그 마지막 관문을 통과한 바로 다음에 자리 잡고 있다. 즉 부산에 상륙한 일본군이 수도 한양까지 오는 동안, 문경-충주를 잇는 영남대로상에 마지막 천연의 관문인 조령, 이화령, 계립령, 죽령이 있다. 그렇기 때문에 충주까지 오면 이 관문들에서 방어를 시도할 수 있었던 마지막 기회를 잡을 수 있었다는 뜻이 된다.

그렇지만 조선군이 천연의 방어 거점을 포기하고, 충주 주변에서 벌인 전투에서 참패하자 조선 조정에서도 희망을 잃고 왕이 피난에 나섰다. 그러한 측면에서 탄금대 전투는 임진왜란 초기 하나의 흐름을 결정한 전투였던 셈이다.

그리고 임진왜란 초기에 가장 희생이 컸던 전투이기도 했다. 이때 8,000여 명의 조선군 중 두서너 명만이 살아남았다고 할 만큼 희생이 컸다. 이뿐 아니라 충주성에 있던 많은 사람들이, 당대의 명장인 신립의 군대를 믿고 피난을 가지 않았기 때문에 다른 지역보다 희생이 더욱 컸다고 한다.

그럼에도 불구하고 전투에서 참패한 뒤 엄청난 희생을 치르자, 신립에 대한 비판의 목소리가 커졌다. 여진족과 싸운 경험에만 의존하다 보니 자신의 주특기 병과인 기병을 활용하기 위해 요충지인 조령의 방어를 포기했다는 비난에 힘이 실렸다. 구체적인 내용은 본문에서 다루어야 하겠지만, 이외에도 신립에 쏟아지는 비난은 많다.

그런데 과연 신립에게 쏟아진 비난 중 타당성이 있는 것이 얼마나 될까? 이번 기회에 현지를 답사하면서, 한번 따져 볼 필요가 있을 것이다. 아울러 실제 전쟁이 어떻게 진행되었는지도 추적해 보도록 하겠다.

조령에서 막아야 했다?

탄금대 전투에서 신립이 저지른 가장 큰 실책으로 지적되는 점이 조령같이 험한 지역에서 싸우지 않았다는 것이다. 자신이 거느린 병력 중 믿을 수 있는 핵심 병과가 기병이었기 때문에 보병 위주인 일본군과 험한 지형에서 싸우려는 발상을 하지 않았다고 알려져 있다.

《선조실록》에 "신립(申砬)이 충주(忠州)에 이르렀을 때 제장(諸將)들은 모두 새재[鳥嶺]의 험준함을 이용하여 적의 진격을 막자고 하였으나 입(砬)은 따르지 않고 들판에서 싸우려고 하였다"라고 되어 있으니 이러한 인식이 생기는 것이 당연할지도 모른다. 《연려실기술(練藜室記述)》에도 "적은 보병(步兵)이고 우리는 기병(騎兵)이니 넓은 들판에서 맞아 기병으로 짓밟으면 이기지 못할 리가 없다"고 되어 있다.

신립과 다른 전략을 주장했다는 이들이 했다는 말도 남아 있다. 충주목사 이종장(李宗張), 종사관 김여물(金汝岉)이, 상주에서 패배하고 합세한 이일 등과 나눈 대화가 남아 있는 것이다.

이 논란의 내용을 요약해 보면 대충 이렇게 된다. 충주에 도착한 신립은 우선 단월역(丹月驛) 앞에 주력 부대를 주둔시키고, 충주목사 이종장(李宗張)과 종사관 김여물 등 몇 명과 함께 조령으로 가서 형세를 살펴보았다. 이때 종사관 김여물이 "일본군의 병력이 우리보다 많으니, 정면 대결을 벌여서는 승산이 없다. 그러니 천연의 요새인 조령에 복병을 배치하였다가 적이 협곡 안으로 들어오면 좌우에서 일제히 공격하여 격멸하고, 그래도 만일 적의 공격을 당할 수가 없으면 차라리 물러가 한성으로 들어가 지키는 쪽이 좋다"는 전략을 내놓았다. 충주목사 이종장도 김여물의 전략을 지지했다.

그러나 신립은 이들의 주장을 받아들이지 않았다. "조령은 기마병(騎馬兵)을 활용할 수 없으니 들판에서 한바탕 싸우는 것이 적합하다"라는 것이 이유였다. 신립이 이렇게 주장한 이유를, 지난날 오랑캐를 물리친 기병의 위력을 생각하며 지형의 이점을 가볍게 여겼기 때문이라고 보기 때문에 이런 평가도 나온다.

여러 사람의 의견은 조령을 방어하자는 쪽이었으나, 신립의 고집으로 들판에서 싸우고자 하였던 것임을 알 수 있다. 신립은 적이 이미 충주로 들이닥쳤다는 보고를 접하고, 그 보고한 사람을 베어 굳은 의지를 보였으므로 반대할 수는 없었을 것이다.

군인들도 출신 병과에 따라 전략의 발상이 달라진다고 하니, 일리가 있다고 여겨져 왔다. 기병을 주로 지휘했던 신립으로서는 험한 지형을 지키는 것보다, 넓은 들판에 적의 보병을 끌어들여 이를 자신의 기병으로 요격하는 방법에 익숙했다. 그가 여진족과의 전투에서 기병을 활용하는 전술을 즐겨 썼기 때문에 당연하다고 할 수 있다. 또 일본군이 먼 길을 걸어오는 상황이었으므로, 그렇게 하면 긴 행군에 지친 적을 무찌를 수 있을 것이라고 생각했다는 해석도 가능하다.

그렇지만 《선조수정실록》에는 신립과 다른 전략을 제시했던 김여물이 신립의 고집을 보고 패배를 직감했다고 되어 있다. 그래서 아들에게 자신의 최후를 예고하고 피신하라는 소식을 전했다. 《연려실기술》에는 광흥주부(廣興主簿) 이운룡(李雲龍)도 신립이 배수진을 치겠다고 하는 것을 말리다 처벌받았다는 내용이 나온다. 또한 《징비록(懲毖錄)》에 의하면 나중에 명나라 장군 이여송(李如松)도 조령을 지나면서 "이렇게 험준한 곳이 있는데도 지킬 줄 몰랐으니, 신 총병(總兵: 신립)은 꾀가 없는 사람이다"라고 했다 한다. 이러한 기록을 통해, 후세 사람들은 신립이 패배할 것이 뻔한 전략을 고집했다는 인상을 받게 된다.

또 다른 원인을 찾기도 한다. 그 원인은 신립이 전장으로 향하는 과정에서부터 불거졌다. 전황이 심각하다는 점을 깨달으면서부터 조선 조정에서는 좌의정 유성룡(柳成龍)을 도체찰사(都體察使)로, 신립(申砬)을 총지휘관인 삼도순변사(三道巡邊使)로 임명했다. 그런데 신립이 전장으로 데려갈 병력이 문제였다.

신립 휘하에는 병사뿐 아니라, 병사들을 지휘해야 할 장교에 해당하는 군관조차 없었다. 그래서 군관으로 유성룡이 모집한 80여 명을 얻은 것이다. 주요 전투력이 되어야 할 병사들 대부분도 전장으로 가는 과정에서 동원했다. 전라도 같은 곳에서 충원할 병력은 합류하지도 못한 상태에서 전투를 치렀다 한다. 이때 동원된 8,000명 정도 되는 병력 대부분도 급히 소집한 병력이었다. 심지어 과거를 보는 줄 알고 지필묵(紙筆墨)을 가지고 온 경우도 있었다고 한다.

신립은 이들을 거느리고 전장으로 향하는 과정에서, 하도 탈주병이 많아서 골머리를 앓았다. 신립이 이 점을 의식하지 않을 수 없었다는 것이다. 전투가 벌어지면 이 오합지졸들이 탈주해 버릴 것이라는 두려움도 있었다. "아군은 모두 훈련이 미숙한 새로 뽑은 군사라 의사소통도 제대로 되지 않고 상하가 단합도 안 된다. 그러니 사지(死地)에 몰아넣지 않으면 전의(戰意)를 살릴 수 없을 것"이라는 말도 했다 한다.

이 점은 이일과의 대화에서도 시사된다. 상주에서 패주해 오던 이일과 마주쳤던 신립은, 이일의 대책을 물었다. 이일의 대답은 "훈련도 받지 못한 백성으로 대항할 수 없는 적을 감당하려니 어떻게 할 수 없었습니다."라는 것이었다. 《연려실기술(燃藜室記述)》에 의하면 여기 덧붙여진 말이 있다.

"적은 경오, 을묘 때의 왜적과 다르고 북쪽 오랑캐 같이 치기 쉬운 적이 아니니 물러가서 서울을 지키는 편이 낫다"는 것이었다. 이 말을 들은 신립은 크게 노하며 책망했다고 한다. "그대 패전을 하고도 군중을 놀라게 해 혼란을 일으키니 군법에 의해 목을 베어야 할 것이지만, 적이 이르거든 공을 세워 속죄하도록 하라"고 했다는 것이다.

여기서 주목되는 부분은 물러나자는 말에 분개했다는 점이다. 신립이 그만큼 사기와 규율을 걱정하고 있었음을 시사해 준다고 하겠다. 이러한 기록으로 보면 기병 전술을 즐겨 썼던 신립이 전장으로 가며 급하게 동원했던 오합지졸의 탈주를 우려해서, 병력 통제가 어려운 조령보다 탄금대를 전장으로 선택했다고 할 법하다.

또 다른 이유도 있다. 신립은 전투가 벌어지기 전에 충주에 적이 들어왔다는 말을 듣고 있었다. 그렇기 때문에 적이 이미 문경 고개 밑에 당도하였으니 서둘러 조령을 지키러 가는 것이 무리라고 생각했다는 것이다.

사실 이 무렵 일본군을 지휘하던 고니시 유키나가(小西行長)의 주력 부대는 4월 27일 상주를 떠나 저녁에 문경에 도착했다. 여기서 관인을 지키려는 현감 신원길(申元吉)을 죽이고, 4월 28일 새벽 4시경에 조령을 넘기 시작했다. 신립이 26일에야 충주에 도착했다는 점을 감안하면 조령에 일본군보다 먼저 도착할 수 있는 가능성은 있었겠지만, 병력을 배치하고 방어선을 짜놓을 수 있다는 자신을 가지기는 어렵다.

지금까지 제시된 원인은 대체로 이런 것들이라 할 수 있다. 그런데 이런 이유가 전부일까? 이 지역에서 와서 지도를 보며 답사를 해 보니, 가장 중요한 점 하나를 빼놓았다는 생각이 든다.

조령을 중심으로 부근의 지형을 들여다보면, 지금까지 알려진 사실과 조금 다른 점이 드러난다. 대부분의 사람들이 철석같이 믿고 있는 것처럼, 문경까지 진출한 일본군이 서울로 진격하기 위해서는 반드시 조령을 거쳐야 하는 것은 아니라는 점이다. 문경에서 충주를 지나 서울로 가는 길은 조령 이외에도 일단 두 갈래 정도의 길이 더 있다. 그중 하나가 계립령(하늘재)이다. 또 하나는 아예 충주를 지나지 않고 문경에서 괴산으로 빠져 버리는 길도 있다. 그렇기 때문에 무작정 조령만 지킨다고 될 일이 아닌 것이다.

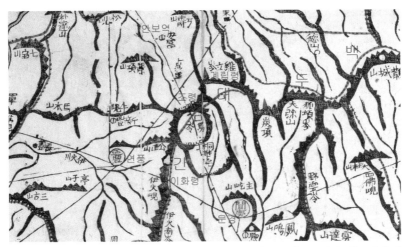

대동여지도(1861년) 문경 부분. 문경에서 백두대간을 넘는 고개는 조령만 있는 것이 아니었다. 문경에서 이화령을 넘으면 연풍–괴산으로 이어지며, 계립령 또한 전통적으로 남한강과 낙동강의 하운을 잇는 주요 교통로였다. 위 지도에서 보는 바와 같이 임진왜란 당시 신립 장군의 8,000 병력이 조령을 막았다고 하여 일본군의 북상을 저지할 수 있는 것은 아니었다.

사실 반드시 통과할 수밖에 없는 험준한 지역 하나를 골라 지키자면 조령보다 더 좋은 곳이 있다. 조령보다 더 남쪽에 있는 고모산성(姑母山城)이다. 이 점에 대해서는《징비록》에서도 지적되었다.

나중에 들으니 적군이 상주에 들어와서 오히려 험지(險地)를 지나는 것을 두려워했다 한다. 문경현(聞慶縣) 남쪽 10여 리 밖에 옛 성이 있는데 이를 고모성(姑母城)이라 한다. 좌도와 우도의 경계에 있는데 양쪽 산협(山峽)이 한데 묶인 듯이 싸여 있고 큰 내가 그 가운데에 둘러 있으며 그 아래에 길이 있다. 적군이 그곳을 지키는 군사가 있을까 두려워서 사람을 시켜 두 번, 세 번 탐지해 본 뒤에야 지키는 군사가 없는 것을 알고는 노래 부르고 춤추면서 지나갔다고 한다.

진남교반 항공사진으로 맨 앞의 철교를 포함하여 세 개의 다리가 하천을 가로지르고 있으며, 다리 끝에는 휴게소가 있다. 다리가 없던 시절 휴게소 뒷산에 자리한 고모산성은 이 일대의 지형적 조건을 최대한 살려서 쌓은 요새 중의 요새였다.

철교를 건너면 고모산성 아래로 뚫린 터널이 나온다. 그만큼 험준한 지형이라는 이야기다.

토끼비리는 고모산성에 접근하는 중요한 교통로이자 소수의 병력으로도 대부대의 침공을 막아낼 수 있는 지형적 이점이 탁월한 곳이었다.

이곳의 지세를 보면, 작전에 차질을 빚지 않고 우회할 수 있는 지역이 없다는 느낌이 확 들어온다. 이곳이 교통의 요지라는 점은 지금도 다리를 놓고 도로를 개발했다는 사실에서도 알 수 있다. 일제시대에도 여기를 지나는 철도를 깔았다는 사실도 의미심장하다.

조선시대에 산허리로 난 이 길을 따라 사람들이 아슬아슬하게 지나가고 있는 그림이 남아 있다. 1744년 권응신이 그린 봉생천(토끼비리길) 부분.

이곳을 지나는 길이라고는 일명 '문경 토끼비리'라는 절벽으로 난 길뿐이다. 지금 이 길에는 안전을 위해 나무 난간을 설치해 놓았다. 이 난간이 없는 상태를 가정해 보면 정말 지나기 싫을 만큼 위험한 길이다.

현재 난간이 설치된 길. 역사시대를 통해 수많은 이들이 지나다닌 결과 난간 오른쪽 바위 표면이 반들반들 닳아 있는 것을 볼 수 있다.

반들반들해진 바위. 답사객들뿐만 아니라 관광객까지 토끼비리를 구경하기 위하여 몰려들자 문경시에서는 이들의 안전을 위해 목재 데크 계단과 난간까지 설치하기에 이르렀다.

그럼에도 불구하고 사람들이 하도 많이 지나다닌 흔적으로 바위에 반들반들해진 면을 볼 수 있다.

지금은 다리를 놓고 자동차가 다닐 수 있는 큰 길을 뚫어 놓아 별 문제가 없지만, 당시 이 길을 피하려면 반대쪽 산길로 와서 하천을 건너야 한다.

그렇지만 다리가 없는 상태에서 이 하천을 건너는 것도 보통 일은 아

반대편에서 강을 건너는 다리. 하천 건너편에 있는 고모산성은 한눈에 보기에도 방어에 대단히 유리한 위치임을 알 수 있다. 임진왜란 초기에 조선군은 소수의 병력으로도 대부대의 공격을 막을 수 있는 이런 군사적 요충지를 제대로 살리지 못했다.

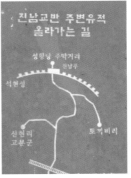

다슬기 캐는 아주머니들(갈수기임에도 행동이 자유롭지 못하다). 석현성으로 가는 길에 대한 약도(좌). 고모산성에서 영강변의 벼랑 허리를 따라 오정산까지 1킬로미터 남짓 이어졌던 토끼비리길은 조선시대 영남대로에서 가장 험한 구간으로 현재 500미터 가량 남아 있다.

니었을 듯하다. 마침 이런 점을 보여 주려는 듯이, 다슬기를 캐는 아주머니들이 비틀거리며 하천을 걸어 다니고 있었다.

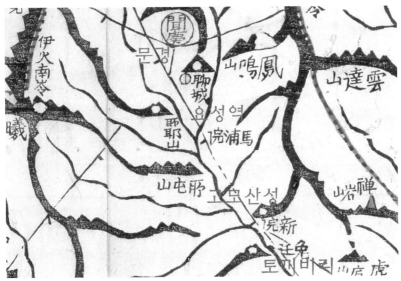

고모산성과 관갑천잔도(토끼비리) 일대는 적은 병력으로 대군을 상대하기에 유리한 천혜의 지형이며, 따라서 문경 방어의 요충지였다.(대동여지도 문경 부분)

고모산성 성벽(상). 조선시대 석현성(하). 말이든 사람이든 한 줄로 서서 조심스럽게 토끼비리길을 지나오면 가로막고 선 것이 석현성이다.

물론 하천을 건넌다고 해서 이곳을 지키는 관문을 피해 갈 수 있는 것도 아니다. 토끼비리를 지나거나 하천을 건너오면, 신라 때부터 이곳을 막기 위해 만들어진 고모산성(조선시대에는 석현성)이 앞을 막고 있다.

이렇게 좁은 산길로 가는데 옆에 있는 성벽에서 공격을 받게 되면 난

감할 것 같다. 성벽을 옆에 둔 이 길을 쭉 따라가다 보면 조선시대에 만들어진 석현성이 나타난다.

이곳을 둘러보면 방어하는 입장에서는 포기하고 싶은 않은 요충지라는 점을 쉽게 느낄 수 있다. 또한 이곳을 놓치고 나면 조령과 이화령 등을 동시에 지켜야 하는 상황에 직면하게 되는 것이다. 그런데도 왜 이런 곳을 방어하지 않았을까?

정답은 방어를 하지 않았던 것이 아니라, 시간적인 여유가 없었기 때문에 어쩔 수 없이 포기했다는 것이라고 해야 할 듯하다. 이를 가늠해 보기 위해, 당시 신립이 지휘하던 부대와 일본군의 병력 이동상황을 점검해보자. 4월 26일 신립이 충주에 도착했던 시점에, 일본군은 이미 이곳을 지난 문경(조령 밑)에 도착했다. 그렇다면 석현성에서 방어할 시간적 여유는 놓쳐 버린 셈이 된다.

석현성에서 일본군을 막자면, 차라리 상주에서 패퇴하고 북으로 퇴각하던 이일에게는 가능성이라도 있었다. 그러나 이미 상주에서 참패한 후, 휘하 부대가 지리멸렬해지며 전의가 꺾인 이일에게 이를 기대하기는 무리다. 결국 석현성 지역은 신립보다 먼저 내려간 이일이 방어해야 할 지점이었으나, 이보다 남쪽인 상주에서 미리 패배하고 전의를 잃어버리는 바람에 이런 요충지를 방어할 기회를 놓쳐 버렸다고 해야 할 것 같다.

이곳을 놓친 다음, 신립에게는 선택의 여지가 확 줄어 버린다. 앞서 언급했듯이 조령만 지키고 있을 수도 없는 상황일뿐더러, 조령을 중심으로 방어하려면 가뜩이나 모자란 부대를 조령과 계립령 양쪽 방면으로 나누어야 한다. 신립의 입장에서 채택하기 어려운 전략이다. 그러니 조령을 포기한 것은 신립에게 어쩔 수 없는 선택이었다고 보아야 할 것이다.

돌고개에서 바라본 대안보마을. 이곳에 안보역이 있었다. 멀리 오른쪽으로 뇌실마을 산모퉁이에 350년된 느티나무가 조그맣게 보인다. 자동찻길은 그곳부터 산기슭을 따라서 이 마을을 에돌아 나가며, 사진에 보이는 밭 왼쪽 길이 돌고개 넘어 충주로 가는 옛길이다.

이렇게 해서 조령까지 포기한 상태에서 떠올릴 수 있는 방어 지점이 안보역이다. 그런데 이 지점에서도 문제가 있다.

사진에서 확인할 수 있듯이, 현대에 새로 확장된 길을 빼고 나면 산 사이로 작은 길이 나 있는 형태이다. 이런 지형이기 때문에 자체로는 훌륭한 방어 거점이 될 수 있다. 그렇지만 고모산성 방면을 무저항 상태에서 내준 악영향에서 벗어날 수는 없다.

이곳은 일단 일본군이 문경에서 괴산 방면으로 빠질 가능성을 염두에 두어야 한다. 그렇기 때문에 무작정 여기서 일본군을 기다리는 것이 능사가 아니다. 그래서 일본군의 진격 방향을 확인하지 않고 미리 이곳에 자리 잡고 있을 수 없었던 신립은 27일에야 조령에서 일본군을 확인했다. 이 시점에서 안보역까지 진출해 방어선을 짤 시간은 애매해진다.

또 다른 문제도 있다. 안보역만 막고 있으면, 일본군이 하늘재 방면으로 넘어와 안보역의 배후로 나오는 길도 비어 버린다. 그런 사태를 막으려면 부족한 병력을 나누어 우회할 길까지 모두 막아야 한다. 뒤집어 말해 이런 발상을 하기 어렵다는 점을 감안하면, 안보역도 대안이 되기 어렵다.

이러한 측면에서 부각되는 지점이 단월역이다. 이곳이라면 문경에서 충주를 거쳐 서울로 가는 길 중 어느 쪽으로 진격해 와도 거쳐야 하는 지점이 된다. 물론 문경에서 괴산으로 빠지는 길이 남기는 하지만, 그래서 신립이 함부로 남쪽으로 달려가지 않고 충주에서 일본군의 위치를 파악한 것 같다. 27일 조령에서 일본군의 위치를 확인했으니, 이후로는 문경에서 괴산 방면으로 빠지는 길에 대해서는 의식하지 않아도 된다.

단월역 앞쪽으로는 양 옆으로 협곡이 있다. 산은 별로 높지 않지만 경사가 아주 심하다. 따라서 우회하기가 어렵다. 그래서 신립은 충주에서 일단 단월역으로 이동해서 병력을 배치했던 것이다. 이렇게 지도를 검토하면서 이 지역의 지형을 검토해 보면, 많은 사람이 믿고 있는 것처럼 신립이 기병 운용을 고집하느라 조령을 이용해서 적을 막지 않은 것은 아니라고 보아야 할 듯하다.

신립은 일본군을 어떻게 막으려 했을까?

그런데 신립은 26일 충주에 도착한 다음, 일단 단월역으로 이동해 자리를 잡았다. 그렇지만 단월역에서 방어전을 벌이지는 않았다. 또한 충주 남산에 자리 잡은 충주성의 방어도 포기했다. 왜 그랬을까? 이를 이해하기 위해서는 당시 상황을 재구성해 볼 필요가 있다.

일본군 지휘관 고니시 유키나가는 4월 28일 새벽에 상주를 떠나 정오 무렵 충주에 진입한 것으로 되어 있다. 조선 측에서는 27일 저녁에 일본군을 발견했다고 한다. 다음날 신립은 일본군이 나타났다고 보고한 군관의 목을 베었고, 이날 조정에 올린 장계에서도 "일본군은 아직 상주를 떠나지 않았다"고 보고했다. 그렇기 때문에 27일 일본군 발견과 28일에야 전투가 벌어진 두 사실이 얼핏 모순되는 것처럼 보일 수도 있지만, 본격적인 전투를 벌이기 전에 척후들끼리 마주친 것으로 보면 별 무리가 없을 것이다.

충주에 진입하기 전 고니시는 병력을 나누었다. 먼저 일부 부대를 계명산 너머 충주성 방면으로 침투시켰다. 그리고 주력부대는 달천 물줄기를 따라 평야 지대로 진격했다. 일본군이 충주성에 침입하여 불을 지를 때까지 신립이 이 사실을 알지 못했다고 한다. 이 때문에 신립을 믿고 피난가지 않았던 충주 사람들의 피해가 커졌다는 말도 전해져 온다.

단월역에서 막았다면, 질 때 지더라도 일본군 일부 부대가 충주성 방면으로 침투해서 거의 무저항 상태로 점령하는 일은 없었을 것이다. 뿐만 아니라 나중에 나타났듯이, 왼쪽 산으로 침투해서 공격한 일본군에게 조선군이 포위되어 전멸하는 사태도 방지할 수 있었다. 그런데도 신립은 단월역에서의 저지를 포기하고 달천 평야까지 물러나 전투를 벌였다. 이러한 상황의 흐름을 보면 단월역까지 진출했던 신립이 왜 여기서 일본군의 진격을 막지 않았느냐는 의문이 생길 수밖에 없다.

단월역터에서 본 유주막 삼거리 일대. 곧장 난 길은 건국대를 지나서 충주 시내로 들어가는 새 길이며, 조선시대에는 마을사람들이 넘어다니던 산길이었다. 삼거리 왼쪽 길은 달천 따라서 모시래마을 거쳐 충주 시내로 이어지는 전통적인 교통로의 일부였다.

《여지도서》에 따르면 단월역은 연원역에 속하며, 관아 남쪽 10리에 위치했다. 역노 110명, 역비 89명, 큰 말 2마리, 타는 말 7마리, 짐 싣는 말 5마리를 보유하고 있었다.

그런데 현지에 와 보니 그렇게 의문이라고 할 것까지 없을 듯하다. 옛 날 단월 역참이 있던 자리가 지금의 유주막 삼거리다.

지도상으로만 보면 단월역은 산과 하천 사이로 난 길이라 우회할 곳 도 없는 곳에 자리 잡은 요충지로만 보인다. 그렇지만 막상 현지에 와서 보면 남쪽에서 단월역으로 진입하는 길이 그렇게 좁지만은 않다. 사실 그러니까 이곳에 교통의 중심지로써 역을 만들고 역참을 설치했을 것이 다. 여기서 주의할 점은 위 사진에서 정면으로 난 포장도로가 옛날에는 산길로 난 샛길이었다는 사실이다. 단월역에서 수도로 올라가는 길은 왼쪽으로 돌아가도록 나 있었다.

지도상으로만 보면 산과 하천 사이로 난 작은 길 같지만, 막상 현지에 와 보면 고모산성이나 조령같이 험준한 길이 아니다. 위의 사진에 나와 있듯이, 산허리가 끊어져 있는 형태도 아니고 산과 산 사이에 난 길 옆이 황무지로 버려져 있는 부분도 있다. 이런 점을 보면 현대에 와서 길이 확

충주 쪽에서 남쪽을 본 지형. 오른쪽으로 돌아가게 되어 있는 포장도로의 폭은 그리 넓지 않지만, 산과 산 사이의 평지가 그렇게 좁지만은 않다.

장되었기 때문에만 진입하는 길의 폭이 넓어진 것만은 아닌 듯하다.

이런 곳은 어중간한 병력으로 막기에는 더 골치 아프다. 아무래도 지나갈 수 있는 폭이 넓다 보니 방어선이 얇어질 수밖에 없다. 적은 병력으로도 지킬 수 있는 험준한 지역도 아니다. 더구나 휘하에 거느리고 있는 병력이 오합지졸들이니, 방어에 확신을 주지도 못한다. 그렇기 때문에 당시 신립이 보유한 병력으로 이런 곳에서 일본군을 저지하려 하면 사실 난감하다.

여기서 일본측 기록에 신립의 병력을 과장하고 있다는 점을 확인하고 넘어가야 할 것 같다. 일본 측 기록에는 신립의 병력이 8만 명에 달한다고 되어 있다. 이 내용을 기록한 루이스 프로이스(Luís Fróis: 1532 ~ 1597년)의《일본사》한 부분을 요약해서 인용해 보자.

아고스띠뇨(고니시)가 군대를 거느리고 그 마을에 도착하자, 조선 국왕의 회답 대신 최후의 운명을 걸고서 서울로부터 온 8만 명의 군대가 와 있었다. 그들 대부분은 기마병으로서, 일본군과의 야전을 치르기 위해 선발된 높은 신분의 병사들이었다. 그들은 병력 수에서도 훨씬 우세하였고, 아고스띠뇨의 군대가 도중에 피로를 무릅쓰면서 무리해서 진격해 오기 때문에 승리는 자신들에게 있다고 믿었다. 그리고 사실 일본인들도 피아의 병력 차가 너무 크고 불균형한 것을 보고 적잖게 당황하고 주저하였다.

물론 이 기록은 조선 측의 기록과 다르다. 어느 쪽이 더 정확한 것인지는 따지기 낯이 간지럽다. 적나라하게 말하자면, 조선군 병력에 대해 과장을 해도 보통 과장을 한 것이 아니라고 하는 편이 정확한 표현일 것이다. 당시 조선이 한 번의 전투에 8만이나 되는 병력을 동원할 능력이 있었다면, 초전부터 그리 허무하게 무너지며 왕이 피난 가는 사태를 맞이했을 리는 없다.

그러니 신립은 8,000명밖에 안 되는 소수 병력, 그것도 오합지졸을 가지고 일본군을 막아야 했다는 전제로 분석해야 한다. 이에 비해 고니시는 자신의 휘하에만 2만 명, 유사시에는 여기에 뒤따라 들어오는 가토 기요마사(加藤淸正)의 병력까지 활용할 수 있었다. 이런 상황에서 단월역으로 진입하는 길 정도의 공간에서 압도적인 병력을 막기는 곤란해진다. 이 정도 공간에서 막으려면 신립이 보유한 병력으로는 방어선이 너무 엷어지는 것이다.

그러면서도 그나마 믿을 수 있는 기병을 활용할 공간은 나오지 않는다. 즉 이런 곳에서는 자신이 지금까지 주특기로 삼던 기병의 활용한 기동전을 펼칠 수도 없다. 신립의 입장에서는 정예 기병은 활용할 수 없고, 방어선도 엷어지는 최악의 방어거점이 되어 버리는 셈이다. 그러니 신립이 이런 곳에서 결전을 벌이고 싶었을 리가 없다.

차라리 조금만 물러나면 기병을 활용할 수 있는 평야지대가 있다. 신립이 이곳에 방어선을 치고 있으면, 일본군은 산과 하천 사이로 난 길에서 평야지대로 진입하는 상황이 된다. 이럴 때 학익진을 치고 있다가 양측면의 기병이 일본군을 포위해서 섬멸하는 '한니발(Hannibal) 식 전술'을 사용하면 가능성이 있다는 계산을 할 법도 했다.

신립의 생각은 어차피 방어할 자신이 생기지 않는 어중간한 지역에서 전투를 벌이느니, 기병을 활용할 만한 공간으로 좀 더 끌어들여 승부를 보는 편이 낫다고 생각할 듯하다. 대부분의 병력이 오합지졸이라고는 하지만, 서울에서 데리고 내려온 일부 경군(京軍)은 양반 가문에서 충원되며 훈련도 받고 경험도 있는 병력이다. 소수이기는 하지만, 정예 병력의 활용으로 기적적인 승리를 노려 볼 수 있다. 이런 사정 때문에, 일본군이 몰려오자 조선군은 단월역에서의 방어도 포기한 듯하다.

물론 이렇게 되면 일부 병력이 충주성으로 침투하는 사태가 초래될 수 있다. 그렇지만 신립으로서는 그런 걱정을 할 여유가 없다. 어차피 단월역에서 산을 넘어 충주성으로 가는 길이, 지금은 포장하면서 넓어졌지만 당시로서는 샛길에 불과하다. 그러니 이 길로 대규모 병력이동은 곤란한 상태였고, 신립으로서는 이런 우려 때문에 이점도 없는 곳에 방어진을 치기는 곤란하다.

그리고 이쯤에서 왜 대림산성이나 충주성에서 일본군을 막지 않았느냐는 의문도 짚어 보고 넘어가야 할 것 같다. 얼핏 생각하기에는 병력이 절대 열세인 상황에서 정면 대결을 벌이기보다 성 같은 방어시설에서 싸우는 편이 낫지 않았겠느냐고 생각하기 쉽다.

그럼에도 불구하고 굳이 성을 포기하고 벌판에서 격전을 벌인 이유에 대해서는 "충주성은 토적도 막아 내지 못할 정도로 조선 각 지역의 산성이 그랬던 것처럼 방치되어 방어시설로서의 가치를 잃고 있었기 때문"이라 분석하기도 한다. 또 성 쪽으로 퇴각하여 방어하고자 했다면, 병사들이 도망갈 수 있는 기회가 더욱 많았으며 낮이었기 때문에 우왕좌왕 퇴각하는 경우에는 전투를 해 보지도 못하고 전멸당하는 수가 있다는 주장도 있다.

그러나 이런 식의 분석이 의미가 있을 것 같지는 않다. 이런 발상은 신립에게 맡겨진 임무를 완전히 무시하는 것이기 때문이다. 당시 신립의 입장에서는 성의 상태나 이쪽으로 퇴각하려 했을 때 진영이 무너지는 사태를 의식할 상황이 아니었다.

민망함을 무릅쓰고, 신립의 임무가 서울로 진격하는 일본군을 저지하는 것이었다는 점을 확인해야 할 것 같다. 그런데 이런 임무를 받고 파견된 지휘관이 성으로 들어가 농성해 버리면 어찌될까? 물론 석현성(고모산성)처럼 우회할 곳 없는 지점이라면 이야기가 된다. 그렇지만 충

전투가 벌어졌던 곳으로 추정되는 모시래들과 충주 일대 지형도(1918년). 영남대로는 각 지방의 읍성으로 직접 연결되지 않고 비껴서 이어진다는 뜻이다. 전투가 벌어진 충주 지역 역시 단월역에서 충주읍성으로 들지 않고 바로 달천나루로 달천강을 건너서 경기도 죽산 땅으로 이어진다는 것이다. 조선시대 당시 충주에서 서울로 가는 영남대로상의 주요 경유지는 다음과 같다. 서울 – 판교 – 좌찬역 – 죽산 – 달천나루 – 단월역 – 안보역 – 신혜원 – 문경새재 조령원, 조곡관, 주흘관 – 조령원 – 관갑천잔도 – 고모산성

주성 같은 곳은 충주를 거쳐 서울로 올라가는 길과 거리가 있다. 그런데도 성에 들어가 농성을 해 버리면, "우리는 성으로 피신할 테니 안심하고 서울로 올라가시라"며 그야말로 정명가도(征明假道)를 위한 길을 내어주는 꼴이 된다.

이건 계백이 황산성에 올라 신라군을 막으려 했고, 신라군이 그냥 지나가지 않고 굳이 산성까지 기어올라가 전투를 벌여 주었다는 논리와 다를 것이 없다. 이런 점들을 고려해 보면 신립은 단월역이나 부근의 성에서 일본군을 맞아 싸우려 하기는 어려웠다. 결국 달천을 등에 둔 벌판에서 결전을 벌이자는 결단을 내릴 수밖에 없었을 것이다.

전투가 벌어진 곳이 탄금대?

본격적인 전투의 양상에 대해 정리하기 전에 먼저 해결해야 할 부분이 있다. 현재 널리 알려져 있는 것처럼 전투가 탄금대에서 벌어졌으며, 신립도 그곳에서 죽었느냐는 점이다. 많은 사람들에게는 이 점을 의문으로 제기하는 것이 오히려 이상할 정도로, 신립이 죽은 곳과 전투가 벌어졌던 곳이 탄금대라는 점은 의심할 여지가 없는 사실처럼 받아들여지고 있다.

현재 탄금대에 있는 충청북도 기념물 제4호 탄금대 안내판, 1978년 10월 26일에 세운〈신립장군순국지지비〉의 비문,〈탄금대유래비〉의 비문(碑文),(1981년 9월 6일, 충주청년회원소, 1986년9월6일), 1981년 10월 15일에 세운〈충장공신립장군순절비〉에서 모두 신립이 죽은 곳이 탄금대라고 탄금대 안내판은 이곳이 임진왜란 당시 신립 장군의 8,000 병력이 배수진을 쳤으며, 최후를 마친 곳이라 적고 있으나 근거 없는 주장이다. 이 안내문에서 또 하나의 오류는 신립 장군이 가토 기요마사와 고니시 유키나가가 이끄는 왜군에 맞섰다고 한 부분이다. 임진왜란 당시 충주전투에서 가토 기요마사의 부대는 뒷전에서 구경만 했지 싸움에 끼여 들지는 못했다는 것이 일본측 기록에 나온다. 따라서 이 안내문에서는 가토 기요마사를 빼야 정확한 기술이 된다.

신립이 떨어져 자살한 곳이라고 지목되는 열두대. 참 얄궂게도 부여 낙화암과 유사한 지형이며, 날조된 투신자살설까지 닮은꼴이다.

기록해 놓고 있다.

비문뿐 아니라, 전설 등을 기록한《읍지(邑誌)》나《지표조사보고서》에서까지도 이런 식으로 남아 있다. 여기에 더하여 신립이 떨어져 죽었다는 곳으로 열두 대를 지목하고 있다. 그러니 이곳을 찾는 사람들은 여기서 전투가 벌어져, 패배한 신립이 자살했다는 점을 만고불변의 진리로 받아들일 수밖에 없을 것이다.

뿐만 아니라 신립이 순국했다는 사실을 기리는 순절비로 이곳에 세워져 있다.

신립 장군 순절비

그런데 과연 탄금대에서 전투가 벌어질 수 있었을까? 사실 말이 되지 않는다. 가 보면 쉽게 알 수 있듯이, 탄금대는 남한강과 달천이 합류하는 사이에 솟아있는 작은 동산에 가깝다. 그 주변으로 흐르는 샛강의 물줄기가 남쪽으로 흐르지만, 큰 장마가 져서 시내 쪽의 물이 많아지면 역류하는 경우가 있다. 즉 탄금대는 이런 지형으로 두 강물이 합쳐지는 곳에 형성된 일종의 삼각주라 하겠다. 이렇게 형성된 탄금대의 면적은 동서 길이 약1킬로미터, 남북 길이 약 600미터로 그다지 넓지 않다.

이런 지역에서는 알량한 8,000명의 병력조차 제대로 펼쳐 놓고 전투를 벌일 수가 없다. 여기에 2만여 명의 일본군이 달려들면, 탄금대는 그야말로 만원버스를 방불케 하는 상황이 벌어졌을 판이다. 기병의 활용을 주특기로 하는 신립이, 이렇게 좁은 곳으로 병사들을 끌고 올라오고

현재 탄금대의 지형을 보여 주는 안내판. 이 안내판에 여기서 신립이 일본군과 격전을 벌이다가 패배하며 자살했다고 적혀 있다. 위로 보이는 것이 남한강이다. 전투가 벌어졌던 곳으로 추정되는 모시래들과 충주 일대 지형도(1918년).

충주 탄금대가 명승 제42호임을 알리는 안내판. 우륵과 연관된 지명 유래를 소개한 것은 옳으나 임진왜란 당시의 격전지였다는 설명은 후세에 덧붙인 잘못된 기록이다. 이 안내판 역시 당시 전투에 참가하지도 않은 가토 기요마사를 끌어들이는 오류를 범하고 있다.

싶어 했을 리는 없다.

신립이 탄금대에서 진을 치고 결전을 벌이려 했다는 발상도 우습지만, 고니시가 굳이 여기까지 쫓아가서 결전을 벌여 주었다는 발상도 우습기는 마찬가지다. 그 점은 주변의 지형만 살펴 보아도 명백해진다. 지금은 충주댐이 세워지며 없어졌지만, 당시 탄금대 앞으로는 남한강의 지류가 흘렀다.

즉 탄금대 자체는 일부를 제외하고 사방 대부분이 강물로 둘러싸인, 반 쯤 섬이나 다름없는 지형이다. 게다가 8,000명이나 되는 병력을 전개시킬 공간도 없는 작은 산 같은 곳이다. 신립이 이런 지역으로 들어왔다면, 이건 적을 막아서겠다는 듯이 아니라, 압도적인 적에 겁을 집어 먹고 반쯤 섬 같은 지역으로 피신하려 했다는 뜻이 된다. 그러니 신립이 탄금대에서 싸우다 죽었다고 하는 것은 그의 얼굴에 먹칠을 하는 짓일 뿐이다.

신립이 그랬을 리도 없겠지만, 사실 이런 인식은 적장인 고니시까지 앞뒤 가리지 못하는 멍텅구리로 만드는 발상이다. 탄금대는 충주를 거쳐 서울로 올라가는 길을 가로 막고 있는 위치에 있는 것이 아니다. 따라서 신립이 탄금대에 틀어박혀 있었다면, 서울로 올라가는 길을 열어 주고 피신한 셈이다. 그럼에도 불구하고, 고니시는 굳이 반쯤 섬이자 공략하기 힘든 고지인 탄금대까지 쫓아 올라가 싸워 주었다는 뜻이 된다. 이렇게 양쪽 지휘관 모두를 멍청이로 만드는 인식은 이제 그만 퍼뜨릴 때가 된 것 같다.

어쨌든 이렇게 보면, 이른바 '탄금대 전투'는 탄금대에서 벌어진 것이 아니라는 이율배반적 결론이 나온다. 그렇다면 실제로 전투가 벌어진

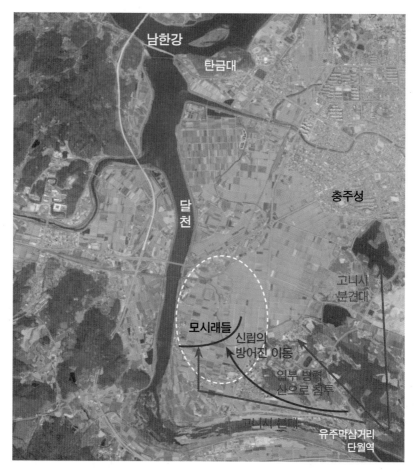

임진왜란 당시 신립 장군의 부대가 달천을 등지고 배수진을 쳤던 곳은 건국대 캠퍼스 서쪽 모시래들 일원이었다. 만약 탄금대를 고전장으로 비정한다면 남한강을 등지게 되는데, 이는 달천을 등지고 배수진을 쳤다는 기록과 맞지 않기 때문에 모시래들이야말로 충주 전투가 벌어진 고전장이라고 할 수 있다. 신립이 단월역이나 충주읍성을 버리고 이곳을 선택한 또 하나의 이유는 바로 달천나루 건너 죽산을 거치면 한양으로 향하는 길이 무방비 상태로 열리기 때문이었을 것으로 본다. 탄금대와 충주 일대 구글어스 이미지(2014년).

곳은 어디였을까?

이 점은 지역 전체의 지형을 염두에 두면 비교적 쉽게 드러난다. 신립의 임무는 서울로 진격하려는 일본군을 저지하는 것이다. 그러려면 일본군이 지나갈 수밖에 없는 길목을 지켜야 한다. 이 점만 확실하게 해놓아도 이 지역에서 신립이 결전을 시도할 지형은 제한된다.

단월역을 포함해 그 남쪽 지역에서 결전을 치를 수 없어 물러났던 이유는 앞서 언급했으니 되풀이할 필요 없을 것이다. 이곳에서 단월역을 지나며 달천을 끼고 전진하면 넓은 벌판이 나온다. 실제 전투는 이곳에서 벌어질 수밖에 없다. 물론 이렇게만 얘기하면 이곳 벌판인 '달천 평야 중 아무데나'라고 찍는 꼴이 될 수 있으니, 범위를 조금 좁혀 보자.

신립의 입장에서 생각해 보면 범위를 좁히는 것이 그리 어렵지 않다. 벌판에서 결전을 치르려 했다지만, 적에 비해 형편없이 적은 병력을 가지고 너무 넓은 지역을 전장으로 선택하면 감당이 안 된다. 그렇기 때문에 단월역에서 벌판으로 진입하기 시작하는 바로 그곳이 신립의 입장에서는 대안 없이 선택해야 할 결전의 장소가 된다. 즉 단월역의 북방, 달천을 끼고 있는 들판이 전장이 될 수밖에 없었다.

이 지역이라면 일본군 병력이 넓은 벌판으로 진입하기 직전의 입구에 해당하는 곳이니, 적당한 방어전면을 유지할 수 있다. 양쪽 측면이 산과 하천으로 막혀 있어, 소규모라면 몰라도 대규모 병력이 대놓고 우회할 공간은 없다. 그러면서도 기본적으로 평야지대이기 때문에 기병을 활용할 수 있다.

그러니 신립은 산을 끼고 돌아 나오는 길의 측면에 기병을 배치했다가, 벌판으로 들어오는 일본군이 병력을 제대로 전개시키기 전에 정면

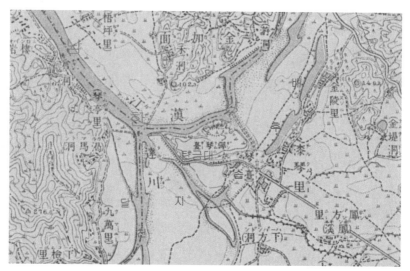

1대 5만 지형도(1918년) 탄금대 주변 남한강과 달천. 충주댐 건설 이후 이와 같은 하천 지형은 모두 물에 잠겨서 찾아볼 수 없게 되었다. 임진왜란 당시인 1592년 탄금대 주변의 지형은 이 지도에서 나타난 것과 별반 다르지 않았던 것으로 추측된다. 탄금대 북쪽의 남한강 본류 외에 동쪽에는 홍수 시 형성된 하도가 막힌 채 길쭉한 습지 형태로 남아 있음을 볼 수 있다. 또한 탄금대 남쪽으로는 남한강으로 흘러드는 지천이 탄금대를 해자처럼 둘러싸고 있다. 습지 위주인 이와 같은 지형은 기병전술을 펼치기에는 부적합하며, 따라서 임진왜란 당시의 고전장은 이보다 남쪽에 위치해 있고, 단월역에서 달천나루로 이어지는 교통로상의 모시래들이 유력한 곳으로 떠오른다.

을 막아서며 측면을 돌파하는 그림을 그려 볼 만했다. 잘 하면 포위·섬멸도 가능할 그림이었다. 이렇게 보면 신립으로서는, 여기가 아닌 완전히 다른 곳으로 물러나 싸우려고 하지 않는 한 대안 없는 선택이었던 셈이다.

그리고 보면 신립이 '배수진을 쳤다'는 말에도 어폐가 있다. 엄밀하게 말하자면 신립은 꼭 배수진을 치고 싶었던 것이 아니라, 달리 선택할 곳도 없는 곳에 진을 치고 보니 하천이 뒤에 흐르고 있는 지역이었던 셈이다. 병사들이 도망가는 사태를 막기 배수진을 쳤다는 말이 나오지만,

이것은 가장 핵심적인 이유라기보다 강을 등 뒤에 둔 곳에서 결전을 벌이게 된 점에 대한 이유를 갖다 붙인 데 불과하지 않을까 한다.

또 한 가지 주의할 점이 있다. 전투를 벌였던 전장이 기병의 돌격에 유리하기만 해서 전장으로 선택했다고 하기는 곤란하다. 대부분의 사료, 특히 신립을 영웅으로 여기는 시각에 입각해 쓰인 《도순변사신공전(都巡邊使申公傳)》, 탄금대 전투에 참전하고도 살아남았던 신흠(申欽)의 설명 같은 사료에서 당시 전투가 벌어진 장소에 대해 공통적으로 언급하는 내용이 있다. "마을 길이 좁고 장애물이 많았을 뿐만 아니라, 논까지 많아 말을 달리며 활을 쏘기엔 매우 불편했다(會値村街狹隘,且多稻田,不利於馳射)"는 내용이다.

지금도 그렇지만, 당시 탄금대 자체에 이런 논이 있었을 리는 없다. 이에 비해 탄금대 남쪽 달천의 언저리에는 넓은 들판이 펼쳐져 있고, 이곳에는 지금도 많은 논이 있다. 당시에는 지금보다 논이 더 많았을 것이다. 논이 있었으니 농사를 짓기 위해 이런 저런 건물도 짓고 여기저기 물건도 쌓아놓았을 것은 당연하다. 이것이 신립의 기병에게는 장애물로 작용했을 것이다. 이는 다른 기록에 나타나는 묘사와도 일치한다. 이러한 측면에서 보아도 전투가 벌어진 지점이 탄금대는 아니었다고 해야 한다.

사실 조선 시대 기록에는 탄금대와 전투가 벌어졌던 장소가 서로 다른 지점으로 인식되고 있었다. 조선 후기의 지리지인 《여지도서(輿地圖書)》의 충원현 고적을 설명하는 내용에는, 탄금대에 대하여 우륵이 가야금을 타던 곳인 견문산에 있다고 했다. 옛날부터 명승지였던 탄금대는, 가야에서 신라로 망명한 악사 우륵을 진흥왕이 불러 가야금을 연주하게 하였던 곳이라는 뜻에서 붙은 이름이다.

이에 비해 전투가 벌어진 곳에 대해서는, 달천강의 탄금대 아래라고 구분되어 있다. 이러한 견해는《충주도읍지》 1권 충주목 고적에서도 그대로 기록되었다. 이러한 구분은 1871년《호서읍지》의 충주목 고적에서도 이어졌다. 19세기 말 까지도 계속 탄금대와 전투가 있었던 지역이 구분되어 인식되어 왔던 것이다.

특히《호서읍지》의 충주목에 대한 지도에는 탄금대를 한강과 달천 사이에 그려 놓고 그 남쪽에 '회도'라는 표기를 네모진 구역으로 표시하였음이 보이고 있다. 이 '회도'가 무엇을 의미하는 것인지 분명하지 않다는 말도 나온다. 그렇지만 당시 남한강의 지류가 만들어 놓은 지형을 알고 나면 그 의미는 간단하게 풀린다. 회도는 글자대로 해석하면 '섬처럼 돌리어진 곳'의 의미가 된다. 탄금대가 반쯤 섬이었다는 앞서의 검토와 정확히 들어 맞는다.

그러다가 일제시대에 간행된《조선환여승람》에서부터 변화가 보인다. 충주군의 고적을 다루면서 탄금대에 대한 우륵 등의 관련된 이야기와 임진왜란 시기 전투 상황을 모아서 기록해 버렸다. 즉 실제 전투가 벌어진 곳과 탄금대에 대한 기록이 합쳐져 버렸다는 것이다. 이 때문에 명승지 탄금대와 전투가 벌어진 지역이 같은 장소였던 것처럼 인식되었던 듯하다.

신립이 죽음을 맞은 지역에 대한 묘사도 의미심장하다.《선조실록》에는 "입은 포위를 뚫고 달천(㺚川) 월탄(月灘)[1]가에 이르러 부하를 불러

---

1)《여지도서》에는 이와 비슷한 지명으로 '월락탄(月落灘)'이 나온다. 관아 서쪽 15리, 금천의 하류라고 기록되어 있다. 이곳은 모시래들 북쪽의 달천과 금천이 합류하는 지점이며, 따라서 일본군에 밀린 신립이 최후를 마쳤던 곳이라는 추측이 가능하다.

서는 '전하를 뵈올 면목이 없다'고 하고 빠져 죽었다. 그의 종사관 김여물(金汝岉)과 박안민(朴安民)도 함께 빠져 죽었다"고 되어 있다. 이 기록 대로라면 신립은 달천의 월탄에서 부하와 대화를 나눈 뒤에 죽었다는 뜻이 된다.

그러면 월탄은 어디였을까? 이를 시사해 주는 기록이, 최남선이 지었다는 〈탄금대기비(彈琴臺記碑)〉의 비문이다. 여기에

신립이 본디 싸움마다 항상 이기는 명장이고 막좌에 김여물 같은 사람이 있었으나, 일이 여기에 이르러서는 계책을 병가의 상투적인 것에서 구할 수 없음을 알고, 결연히 퇴로를 자르려고 밥하는 솥을 깨서 없애고 물을 건너는 배를 가라 앉히고 한차례 죽기를 기약하고 싸울 배수진을 금포탄 머리에 펼치니 그 뜻은 안전을 도모하려는 마음을 없애고 오로지 목숨을 던지는 데 있었다.

라는 내용이 나온다. 신립이 죽은 곳이 금포탄 머리에 해당하는 곳이라 되어 있는 것이다. 그보다 더 확실하게 전투 장소를 지목하는 기록도 있다. 바로 《예성춘추》의 기록이다. 여기에는

탄금대 동남쪽으로 전개되는 충주평야를 모시래 들이라 한다. 즉 사직산 서쪽 달천진 동쪽과, 단월리 이북과 탄금대 이남의 넓은 들을 말한다. 임진왜란 때에 신립장군과 왜장 가등청정이 싸웠으므로 지금까지 옛 전쟁터라 하였으며 중년에 와서 달천평야라고 바꾸었다.

라고 되어 있다. 왜장을 가등청정(가토 기요마사)이라 한 것은 소서행장(고니시 유키나가)을 잘못 기록한 것이라 여겨지지만, 탄금대 남쪽의 넓은 평야에서 전투가 벌어졌음을 지적하고 있다.

사실 신립이 탄금대에서 자살했다는 설화에는 묘한 점이 있다. 이런 인식은 백제가 멸망할 때 당나라 군대에 쫓긴 삼천궁녀가 떨어져 죽었다는 설화와 비슷한 측면이 있는 것이다. 이런 이야기가 흥미를 자아낼지는 모르겠지만, 낙화암에서 삼천궁녀가 자살했다는 이야기가 허무맹랑하게 조작된 이야기라는 점은 이미 증명되었다. 탄금대에서 신립이 자살했다는 이야기도 이렇게 만들어진 설화의 재판(再版)인 셈이다.

이런 점들을 감안해 보면, 지금 신립이 탄금대에서 순국했다고 쓰인 기록과 이를 전제로 만들어진 유적들은 역사적 사실과는 별 상관없는 후대의 조작이라 할 수 있다. 사실 조금만 신경 쓰면 쉽게 확인할 수 있는 역사적 사실이, 이렇게 성의 없는 설화로 조작되는 현실이 씁쓸하기만 하다.

전투는 어떻게 전개되었을까?

앞에서 신립이 조령 등 다른 곳에서 일본군을 막을 생각을 하지도 못했고, 탄금대에서 전투를 벌인 것도 아니라는 점을 밝혔다. 이런 저런 난점 때문에 결국 신립에게는 전장을 선택할 수 있는 여지가 없었던 셈이다. 그러면 이렇게 선택한 전장에서 '전투는 어떻게 전개되었을까'하는 문제가 하이라이트일 것이다.

신립은 27일 적의 상황을 알아보고, 다음날인 28일 아침 군사 8천여 명을 거느리고 진을 쳤다. 신립이 진을 쳤던 위치는 단월역에서 달천을 따라 충주로 들어오는 길 앞쪽으로 보인다. 신립으로서는 몇 가지 이유 때문에 이곳을 선택할 수밖에 없었음은 앞에서 언급했다.

우선 문경을 점령한 이후, 일본군이 반드시 거쳐야 하는 지점을 확인 하며 진을 쳤던 곳이 단월역이었다. 그러니 단월역을 결전장으로 삼을 수 없는 상황이라 해도, 일본군이 접근한 사실을 확인한 후에는 이곳에 서 멀리 떨어진 위치를 선택하기 어렵게 된다. 단월역 주변에 그런대로 괜찮은 위치를 선택할 수밖에 없었다는 것이다.

그런데 신립의 입장에서는 멀지 않은 곳에 적당한 곳이 눈에 들어온 다. 그곳이 단월역에서 달천을 따라 오면서 벌판으로 들어서는 곳이다. 여기는 상대적으로 좁은 곳에서 넓은 곳으로 나가는 출구에 해당한다. 이곳이라면 일본군이 좁은 곳에서 넓은 곳으로 나가며 진영을 갖추기 이전에 미리 자리를 잡고 있다가 싸먹듯이 포위하기 좋은 지형이다.

일본 측 기록에 조선군 진(陣)의 형태에 대한 언급이 있다.

> 조선군이 진을 정비하고 달 모양(학익진)으로 전투 대형을 펼쳤다. 그 들은 적군이 소수인 것을 보자, 중앙을 공격하면서 한 명도 빠져나가지 못하게 하려고 포위하기 시작하였다. (하략)

이 기록을 참고하면, 신립은 중앙에 배치된 병력이 약간 뒤로 빠진 반달 모양의 학익진(鶴翼陣)을 치고 있었다. 좁은 곳에서 넓은 곳으로 나가는 일본군의 입장에서는 일단 눈에 들어오는 적군의 중앙을 향해 달려들기 쉽다. 양쪽 측면을 의식한다 해도 병목같이 좁은 곳을 빠져나가면서 진영을 갖추는 것 자체가 쉽지 않다. 그러니 양쪽 측면을 보호하면서 진영을 갖추지 못하게 되기 십상이다.

이러한 상황이 신립으로서는 기회가 될 수 있다. 좁은 곳에서 넓은 공간으로 진입하는 과정에 있는 일본군은 측면에 약점을 노출시키기 쉽다. 특히 이 지형에서는 일본군의 오른쪽 측면이 문제가 된다. 왼쪽으로 흐르는 달천 때문에 오른쪽 측면이 돌파당하면 달천 쪽으로 몰리며 포위되는 형상이 나오는 것이다. 그러니 신립으로서는 일본군이 넓은 곳으로 나오는 타이밍에, 주특기인 기병으로 측면을 돌파해서 포위하면 섬멸을 노려 볼 수 있는 그림이 나온다.

그래서 일본군이 나타나자, 기병을 중심으로 한 자신의 왼쪽 측면 병력이 적의 오른쪽 측면을 돌파하여 포위 섬멸하는 전술을 시도하려 한 것 같다. 이런 의도로 나타난 형태의 진영이, 달천을 마주보고 있는 왼쪽의 산에서 오른쪽 송산을 끼고 흐르는 달천까지 반월형으로 늘어서서 적을 맞는 형태였다.

신립으로서는 실날같은 희망이라도 걸어 볼 수 있는 최후의 선택이었겠으나, 실제 전투는 그의 생각대로 풀려 주지 않았다. 신립이 나름대로의 노림수를 위해 조금 더 넓은 평지로 물러났지만, 고니시에게도 이런 전술에 대응할 수 있는 방법이 있었다.

일본측 기록과 달리, 병력이 절대 열세인 조선군의 입장에서는 학익진 형태의 진을 치고 측면의 기병이 돌파를 감행하여 포위·섬멸하는 한니발 식 전술에 한 가닥 희망을 걸어볼 수밖에 없었다. 이러자면 승부의 관건은 기병의 측면 돌파가 된다. 여기에 대응하자면 가장 먼저 떠오르는 과제가 조선 기병의 돌파를 저지해야 한다는 점이다. 그 수단으로 부각되는 것이 일본군에 새로운 요소로 가세한 조총부대의 활용이다.

고니시의 대응에 따라 전투가 어떤 형태도 전개되었는지를 언급하기 전에, 당시 신립의 핵심 전력이었던 기병과 일본군의 핵심 전력이라 할 수 있던 조총부대의 일반적인 전투 형태를 언급해 주어야 할 것 같다.

우선 조선군의 핵심인 기병은 세조 이후 활을 주무기로 사용하는 궁기병 위주로 편성되었다고 보아야 한다. 이 점은 신립의 전기인《도순변사신공전》에서 탄금대 전투의 전장 환경을 설명하면서, 창기병의 돌격을 의미하는 치돌(馳突) 대신, 궁기병의 돌격 사격을 의미하는 치사(馳射)란 표현을 쓰고 있다는 점에서도 시사 받을 수 있다.

기병 자체가 어느 정도의 공간이 확보되어야 위력을 발휘할 수 있는 병과인 데다가, 궁기병이라면 특히 공간의 확보가 더 중요한 요소로 등장한다. 그러니 신립이 애매한 공간밖에 나오지 않는 단월역에서 결전을 치르겠다고 생각하기 어려웠을 것이다.

이에 비해 일본군 전력의 핵심은 조총부대라고 보아야 할 것이다. 이 부대는 당시 조선군이 가지고 있지 못한 전력이기 때문에, 이를 이용해서 어떻게 조선군 전력의 핵심인 기병을 제압하느냐가 고니시의 입장에서 중요한 과제였을 것이다.

여기서 부각되는 요소가 이른바 '3단 철포'다. 이는 조총부대가 3열로 서서 앞줄부터 한 줄씩 사격하는 방식을 말한다. 얼핏 별 거 아닌 것 같은 이 전술이 의미를 갖는 이유가 있다. 당시 조총의 발사 속도(통상 1분에 몇 발을 쏠 수 있느냐를 기준으로 따짐)가 너무 느리다는 점이 근본적인 이유였다. 그렇기 때문에 별다른 대책 없이 조총부대가 정면으로 기병에 맞서면, 한 발 정도 쏘고 난 다음에 적에게 휩쓸려 버리기 십상이다.

당시 조선 측에서도 이런 전술에 대해서 잘 알고 있었음을 시사하는 기록이 제법 있다. 국왕 선조부터가 "만약 조총부대를 셋으로 나누어 연속사격할 경우 어떻게 당해 낼 수 있겠는가(若分三運, 次次放砲, 迭爲先後, 則何敢當哉)"라는 말을 하고 있다. 뿐만 아니라 임진왜란 이후에는 조선 측에서도 조총으로 비슷한 개념의 전술을 구상했다.

왜란 직후 문신인 정온(鄭蘊)이 구상한 전투대형인 삼첩진(三疊陣)이 그 개념이다. 이 전술에서도 조총의 연속 사격 개념에 대해 잘 알고 있는 점으로 볼 때, 임진왜란 때 조선 측이 이 전술에 대한 대응력이 없었다고 하기는 곤란할 것이다.

사실 일본군은 이후의 전투에서 기병에 조총부대가 고전한 사례도 있다. 특히 도산전투 장면을 목격한 조선의 이시언은 "마귀 휘하의 명군 달자(몽골계) 기병 200명이 편곤으로 일본군을 강습하자, 일본군이 조총 쏠 시간도 없이 패전했다(麻貴所率㺚子二百餘名, 皆持環鞭, 亂打如雨疾雷, 不及掩耳, 銃筒亦不暇放.)"는 기록을 남겼다.

즉 당시 조총 부대와 기병이 정면대결을 벌인다면, 발사 속도가 늦고 정확성도 떨어지는 당시의 조총으로는 기병에게 당하기 십상이었다는 뜻이다. 따라서 고니시는 여기에 대한 고민을 좀 해야 한다. 그렇지만 스포츠도 아닌 전쟁에서 이런 단순한 형태의 전투가 벌어지기는 오히려 어렵다. 대개는 보병 같은 다른 병과나 지형 같은 요소가 개입하기 마련이다. 이 전투에서 역시 그러한 여러 요소들이 변수로 작용했다.

먼저 대개의 전투에서 빼놓을 수 없는 기본 병과, 보병의 움직임을 간과해서는 안 된다. 이 전투에서 신립이 지휘하는 조선군 보병이 반월형 진을 치고 적을 기다리는 입장인 반면, 고니시의 일본군은 산을 끼고 돌아 나오는 좁은 길에서 넓은 벌판으로 진입하는 상황이었음을 의식해야 한다.

물론 이렇게 단순한 형태로만 전투가 벌어졌으면, 신립이 기대한 대로 측면의 기병이 일본군을 포위하여 섬멸하는 그림이 그려질 수도 있었다. 그러나 남아 있는 기록에 의하면 고니시가 그렇게 뻔히 불리한 형태의 전투를 고집할 정도로 수준 떨어지는 지휘관은 아니었다.

조총부대가 몇 발 쏴 보지도 못하고 기병에 휩쓸리는 사태를 막자면, 조총부대 앞에 장애물이나 호위를 서 주는 보병 병력을 배치해야 한다. 그런데 보병이 호위를 서자면 기병의 움직임을 따라 가며 조총부대를 보호해 주어야 하는데, 기동성 느린 보병이 기병을 쫓아가며 진영을 바꾸다가는 오히려 틈이 생겨 그쪽으로 적의 돌파를 허용하기 십상이다.

그래서 보병을 호위로 내세우는 방법이 어렵다면, 기병이 접근하기 어려운 장애물을 이용하거나, 매복해 있다가 기병이 접근해 올 때 기습하는 방법이 있다. 고니시는 이 방법을 택했다. 이 점을 시사해 주는 기록을 살펴보자.

이튿날 새벽에 적병이 길을 나누어 대진(大陣)은 곧바로 충주성으로 들어가고, 좌군(左軍)은 달천(達川) 강변을 따라 내려오고, 우군(右軍)은 산을 따라 동쪽으로 가서 상류를 따라 강을 건넜는데 병기가 햇빛에 번쩍이고 포성이 천지를 진동시켰다. 《선조수정실록》

적이 우리 군사의 좌측으로 돌아 나와 동쪽과 서쪽에서 끼고 공격
해 오는 바람에 우리 군대가 크게 어지러워지면서 적에게 난도질을 당
한 결과 시체가 산처럼 쌓였고 군자(軍資)와 군기(軍器)가 일시에 모두
결딴나고 말았다. (逡巡之際, 賊邀出我軍之左, 東西挾擊, 我師大亂. 被賊亂砍,
積尸如山, 軍資軍器, 一時俱盡, 砬單騎至江岸, 賊縱兵追之) 《상촌집》

적이 우리 군사의 좌우를 포위해 나오는데 세력이 풍우(風雨)와 같
았다. 한 길은 산을 따라 동쪽으로 오고 한 길은 강을 따라 내려오는데
포소리가 땅을 진동하고 탄환이 빗발 같고 먼지는 하늘을 덮었고 고함
치는 소리는 산을 흔들었다. 왜적의 형세가 더욱 급하여 점점 둘러싸니
사방에 길이 없었다. 신립이 황급하여 어찌할 줄을 모르고 말을 채찍
질하여 적진에 충돌하기를 두세 번 하였으나, 나아갈 수 없어 《재조번
방지》

조금 후에 적군이 단월역(丹月驛)으로부터 길을 나누어 쳐들어 오는
데 그 기세가 마치 비바람이 몰아치는 것과 같았다. 한 길로는 산을 따
라 동쪽으로 나오고, 또 한 길은 강을 따라 내려 오니 총 소리는 땅을
진동시키고 먼지는 하늘에 가득하였다. 《징비록》

이 기록들을 분석해 보면 일본군은 단순하게 조선군의 정면을 공격
해 들어간 것이 아니라, 3개 방면으로 병력을 나누어 들어간 것이다. 이
중에서 조선군의 왼쪽 측면에서 벌어졌던 전투가 주목된다. 당시 전투
를 직접 목격했을 신흠은 처음에는 일본군이 조선군 왼쪽 측면에서 공

격해 왔고, 이내 좌우에서 협공해 오는 형태가 되었다고 했다. 이 공격의 결과로 조선군이 통제 불능 상태에 빠져 들어 대패했다는 것이다. (遂巡之際,賊邌出我軍之左,東西挾擊,我師大亂.被賊亂砍,積尸如山,軍資軍器,一時俱盡,砬單騎至江岸,賊縱兵追之) 사실 다른 기록들도 비슷한 양상을 보인다.

즉 일본군의 공격이 조선군의 왼쪽 측면에서부터 개시되었다는 이야기인데, 무엇 때문에 왼쪽 측면이었을까? 그 이유는 일단 지형에서 찾아야 할 것 같다. 조선군 진영에서 볼 때 이쪽에는 달천 왼쪽으로 산이 있다. 위 기록 중, "한 길은 산을 따라 동쪽으로 오고"라는《재조번방지》와 "한 길로는 산을 따라 동쪽으로 나오고"라는《징비록》의 구절을 보면 일본군이 산을 타고 진격해 왔음을 알 수 있다. 단순히 산을 타고 진격해왔다는 점뿐 아니라, '동쪽'이라는 방향까지 표시되어 있는 점으로 보아, 일본군 병력이 조선군의 왼쪽 측면에서 달려들었음은 의심의 여지가 없다.

이 점이 바로 산을 끼고 있는 지형과 관계가 있다. 일본군이 단월역 방면에서 달천 평야 쪽으로 진입할 때, 신립의 조선군은 측면의 기병이 돌격하여 일본군을 포위·섬멸하려 할 수밖에 없다.

일본군으로서는 일단 이 기병의 돌파를 막아야 한다. 이때 일본군 병력이 조선군 기병과 직접 부딪치는 방법이 있지만, 이것은 일단 부담이 크다. 이보다는 조총부대의 공격으로 일단 조선의 기병에 일단 한방을 먹여 공격의 탄력을 줄여 놓고 보는 편이 좋다.

그러자면 조총부대가 어느 정도 안전을 확보하고 사격할 위치가 확보되어야 한다. 이때 이쪽에 있는 산이 훌륭한 울타리가 되어 줄 수 있다.

전투가 벌어졌던 음력 4월이면 어느 정도 산림이 우거지는 시기다. 비슷한 시기에 이곳을 방문했던 우리의 눈에도 우거진 산림이 눈에 들어온다. 그러니 단월역 쪽에서 진입하는 일본군 부대가 이쪽 산으로 침투하여 자리 잡으면 눈에 잘 띄지 않는다.

물론 조선군 쪽에서도 산에 척후를 배치해 두는 것이 일반적이겠지만, 일본군 보병 일부가 산 쪽으로 침투하기 시작하면 조선군 척후는 거기까지만 보고 빠지는 것 이상을 할 수가 없다. 《선조수정실록》의 다음 기록이 이 점을 시사해 준다.

> 이달 27일에 적이 이미 조령을 넘어 단월역에 이르렀는데, 목사 이종장(李宗長)과 이일이 모두 척후로 전방에 있다가 적에게 차단당하여 보고가 끊어졌으므로 신입이 또 알지 못하였다.
>
> (중략) 이일은 사잇길을 따라 산으로 들어갔다가 왜적 두세 명을 만나 한 명을 쏘아 죽여 수급(首級)을 가지고 강을 건너서 치계(馳啓)하였다.

살아서 돌아온 조선군 척후가 있어서 신립에게 보고를 했다 해도, 신경이야 쓰겠지만 가뜩이나 병력이 부족한 신립이 대규모 병력이 진입하기 곤란한 산 쪽에 병력을 나누어 배치할 여유가 있을 리 만무하다. 그러니 한참 전투가 진행 중인 시점에서 일본군이 산에서 무슨 일을 벌일지 파악하기는 어려워진다.

이런 상황에서 아래로 쏠 수 없는 조총의 한계를 감안하면, 일본군이 너무 높은 곳에 배치되지는 못했을 것이다. 그렇지만 산의 얕으막한 쪽

모시래들 동쪽, 건국대 캠퍼스 서쪽 일원에는 이와 같은 구릉지대가 분포한다. 임진왜란 당시 고니시의 병력이 매복하기에 적합했던 지형으로 보인다.

에 조총부대를 배치하면 사격에 큰 지장을 주지 않으면서도 자연스럽게 은폐·엄폐가 된다. 고니시는 이렇게 해놓고 정면의 부대들을 움직여 조선군 기병의 측면 돌파를 유도했던 것 같다.

고니시가 소수의 병력을 앞세웠다가 퇴각시키면서 사기를 잃은 것처럼 보여 조선군을 유인했다는 말도 있다. "심리적으로 좋은 계책이었다"는 평가도 있지만, 결정적인 요인이었던 것 같지는 않다. 고니시가 이런 심리전을 걸든 말든 신립의 입장에서는 신속하게 측면을 돌파해서 일본군을 포위·섬멸하려 하는 것 이외에 쓸 만한 대안이 없다.

달리 선택의 여지가 없는 신립은 일단 측면에 배치한 기병을 돌격시켰을 것이다. 그중에서도 왼쪽 측면에 기병을 집중 배치해서 이쪽에 돌파에 희망을 걸 수밖에 없는 입장이었다. 자신의 오른쪽 측면은 달천으로 막혀 있어 군이 병력을 투입해 돌파할 의미가 적다. 그저 이쪽 방면으로 적이 빠져 나오지만 못하게 해도 충분한 상황인 것이다. 이에 비해 왼쪽 측면은, 아군의 방어선을 위협하는 곳일뿐 아니라, 단월역 쪽으로 다시 빠져 나갈 수 있는 퇴로에 해당하기도 한다. 그러니 왼쪽 측면을 돌파하여 단월역 쪽으로 나가는 길을 차단하면 일본군은 달천을 등지고 갇히는 꼴이 된다.

일본군의 입장에서 생각해 봐도, 조선군의 왼쪽 측면이 부각된다. 조선군의 오른쪽 측면을 돌파해 봐야, 왼쪽 측면에서 뾰족한 수를 내지 못하면 그저 충주성 쪽으로 밀어내는 꼴밖에 안 된다. 이에 비해 왼쪽 측면을 돌파하면 조선군 역시 달천 쪽으로 밀려나며 갇히는 꼴이 된다. 그렇기 때문에 조선군의 왼쪽 측면이 이 전투의 승부를 가르는 포인트가 될 수밖에 없었던 것이다.

즉 일본군이 우회할 수 없도록 한쪽 측면을 막고 있는 달천이 하필 조선군 등 뒤로 흐르며 퇴로를 막는 역할도 하고 있었던 셈이다. 그러고 보면 충주 지역 자체가 남쪽에서 쳐들어오는 적군에 밀리면 고립되기 딱 좋은 지역이다. 북쪽에서 침입하는 경우에는 강 자체가 방어선이 되는 반면, 남쪽에서 공격해 오는 경우에는 퇴로를 막는 장애물이 되는 것이다.

그런데 이런 형태의 전투가 되면 고니시 쪽이 유리하게 된다. 우선 전체 병력이 8,000명 밖에 안 되는 조선군 중에서 기병이라고 숫자가 많을 리가 없다. 이 정도 규모의 병력으로 일본군의 오른쪽 측면을 완전히 돌파해서 포위하는 것이 일단 어렵다. 더욱이 조선 기병은 기본적으로 궁기병이라, 이들은 치고 빠지는 전술에는 유리하지만, 돌파에 뒤이은 포위·섬멸 작전을 펴기에는 약점이 있다.

이런 조선 기병에 대응하는 일본군은 일단 산이라는 장애물을 끼고 조선 기병을 맞는 형태의 전투를 치른다. 산림에 가려 일본군의 배치 상황을 제대로 파악하기 어려운 조선 기병은 일단 산 아래쪽을 타고 일본군 오른쪽 측면을 돌파하려 하게 된다.

일본군은 이를 역으로 이용해서, 조선군 기병이 접근할 때까지 기다린다. 이들이 충분히 접근한 다음 지형을 이용하여 매복해 있던 일본군 조총부대가 사격을 시작하면, 조선군 기병의 돌격은 일단 주춤해진다. 논과 건물 같은 장애물이 많이 이곳에서 기병의 충격력이 제대로 발휘되지도 못한다.

이 틈을 타고 이쪽에 배치된 일본군 보병이 반격을 가하며 역포위를 시도하면 조선군은 곤란해진다. "적이 우리 군사의 좌측으로 돌아 나와 동쪽과 서쪽에서 끼고 공격해 오는 바람에", "포 소리가 땅을 진동하고 탄환이 빗발 같고"라는 구절들은 이런 상황을 묘사한 것으로 보인다.

전투 며칠 전에 비가 많이 내려 신립에 불리했다는 말도 있다. 그러나 별로 큰 변수가 되었을 것 같지는 않다. 일단 원 사료에는 비에 대한 언급이 나오지 않는다. 전투 당일에는 적군의 무기(창, 칼)가 햇빛에 반사되어 번쩍였다거나, 먼지가 많이 일어났다는 등 날씨가 맑았음을 시사하는 내용이 제법 나타난다.

또 비와는 상관없이 전투가 벌어진 장소 자체가 어차피 논이 많은 지역이다. 전투가 벌어진 시점도 음력 4월인 모내기철이다. 당연히 논에 물을 가두어 놓았을 테니 극심한 가뭄이 든 해가 아닌 바에야 기병의 돌격에 지장을 주는 진흙탕의 존재는 각오해야 할 사항이다.

조선군 쪽에서도 포위당하는 사태를 피하기 위하여 반격을 시도했겠지만, 상당한 곤란을 겪게 된다. 먼저 조선 기병의 첫 번째 돌파가 막히고 나면, 두 번·세 번의 공격이 어려워진다. 기병의 돌파력은 기본적으로 말이 달려가는 충격력에서 나오기 때문이다. 첫 번째 돌격이 저지되고 나서 말이 달려 나아가는 충격력을 확보하며 재차 돌파를 시도하려면, 조선군 기병은 일단 물러나 말에 탄력을 붙일 공간을 확보해야 한다. 그렇지만 달천 앞에 펼쳐진 들판 자체가 그리 넓은 공간이 아니다.

더욱이 아무리 기병에 비해 속도가 느린 보병이라도 뒤로 빠지는 조선군 기병의 뒤를 쫓아 공간을 좁혀 오면, 재정비와 재돌격에 필요한 공간을 얻기가 어려워진다. 달천으로 막혀 있는 조선군의 오른쪽 측면에서도 일본군이 돌파를 시도한 것 역시, 조선군 기병이 확보할 수 있는 공간을 더욱 좁혀 버리려는 의도라고 짐작된다. 그렇다고 일본군에 비해 형편없이 질이 떨어지는 조선군 보병이, 일본군 보병의 접근을 막으며 아군 기병에게 필요한 공간을 확보해 줄 활약을 기대하는 것도 무리다.

그러니 일본군의 반격에, 조선군은 진영이 무너지면서 달천 쪽으로 몰리게 된다. "신립이 황급하여 어찌할 줄을 모르고 말을 채찍질하여 적진에 충돌하기를 두세 번 하였으나, 나아갈 수 없어"라는 등의 구절이 이 상황을 묘사해 주고 있다.

여기서 《선조수정실록》에 오해를 불러 일으킬 구절이 있다는 점도 짚어 놓을 필요가 있을 것 같다.

신립이 어찌 할 바를 모르고 곧장 말을 채찍질하여 주성(州城)으로 향하여 나아가니 군사들은 대열을 이루지 못하고 점점 흩어지고 숨어 버렸다. 성중의 적이 호각 소리를 세 번 발하자 일시에 나와서 공격하니 신입의 군사가 크게 패하였으며, 적이 벌써 사면으로 포위하므로 신입이 도로 진을 친 곳으로 달려갔는데 사람들이 다투어 물에 빠져 흘러가는 시체가 강을 덮을 정도였다.

이 기록을 액면 그대로만 보면 충주성을 점령한 일본군이 조선군의 배후를 친 상황이 결정타가 된 것처럼 생각하기 쉽다. 그런데 이 기록을 그대로 받아들여도 좋을지에 대해서는 조금 고민을 해 보아야 한다. 무엇보다도 전투가 벌어진 장소와 제법 거리가 있는 충주성의 일본군이 갑자기 전투가 벌어지는 상황에서 나타나 결정타를 주었다는 식의 묘사에 의문이 생기지 않을 수 없는 것이다.

그리고 보면 위 기록은 순서부터가 뒤죽박죽임을 알 수 있다. 앞에서는 신입이 충주성 쪽으로 가려다가 부대의 대열이 흩어져 버렸다는 식으로 묘사해 놓고는, 갑자기 성 안에 있던 일본군이 신호와 함께 쏟아져 나와 공격해 왔다는 식의 서술이 나타나는 것이다.

충주성을 점령한 다음 일부 병력이 전투에 가세하는 상황을 이렇게 묘사했다면 몰라도, 여기 나오는 그대로 신입이 충주성 쪽으로 가다가 성을 점령하고 있던 일본군에 습격을 당했다고 보기는 곤란하다. 충주성을 점령한 일본군의 움직임과 상관없이 신입의 부대는 맞서고 있는 일본군 부대에게 왼쪽 측면을 돌파당해 포위당하고 있는 상황이다.

이런 상황에서 새삼스럽게 충주성의 일본군이 신호와 함께 쏟아져 나와 신입의 부대를 포위했다는 것은 아무래도 어색하다. 단지 포위당하던 신입이 포위망을 돌파하려면 충주성 쪽으로 방향을 잡는 것이 자연스럽다는 점은 생각해볼 만하다. 그렇다면 이 기록 역시 포위당하고 있던 신립의 부대가 이 포위망에서 빠져나오려 하고 있는 와중에, 충주 성을 점령했던 일본군 부대 일부가 전투에 가세하면서 그 노력마저 수 포로 돌아가는 과정을 두서없이 묘사한 것으로 보는 편이 타당하지 않 을까 한다.

어쨌든 왼쪽 측면이 돌파되면서 신립이 지휘하는 조선군의 운명은 결 정되었다. 진영이 무너진 조선군은 달천 쪽으로 밀리며 많은 병사들이 빠져 죽는 사태를 맞이한 것이다. 결과적으로 신립의 의도와는 달리 고 니시의 일본군이 조선군에 대해 포위·섬멸전을 시도해서 성공한 셈이다.

결말

이렇게 검토해 보면 그동안 이 전투에 대해 깊이 뿌리박혀 있던 편견 몇 가지를 지적해야 할 것 같다. 먼저 신립이 조령에서 적을 막지 않은 이유다. 그동안 신립은 이 때문에 많은 비난을 받아 왔다. 신립이 여진 족과의 전투 경험에 집착하느라, 자신의 주특기인 기병을 활용하기 위 하여 험한 지형인 조령을 회피하고 탄금대 쪽 벌판에서 결전을 치렀다 는 것이다.

당시에도 여러 사람이 이 점을 패전의 원인이라고 지적했다. 그리고 이 런 말이 나온 후 비변사의 조치로 조령에 관방이 설치되는 조처를 취하 게 되었다고 한다. 이러니 신립의 실책(?)이 더욱 부각될 수밖에 없었다.

그렇지만 검토해 보면 신립은 조령에 일본군보다 먼저 도착해서 방어

남한강과 달천의 합류 지점 부근에 놓여 있는 다리. 조선군은 이 부근까지 몰리다가 강으로 밀려들어가며 전멸했던 듯하다.

선을 칠 만한 여유가 없었다. 더 나아가서 조령에서 일본군을 막아야 했다는 발상 자체가 속사정을 모르는 사람들의 무책임한 발상에서 나온 것이라 할 수 있다. 사정을 제대로 파악하지도 않고 말부터 앞세운 사람들이 심어 놓은 편견 때문에 신립의 이미지에 먹칠이 되어 왔던 셈이다.

　당시의 지도에서만 보아도, 일본군이 조령을 우회해서 서울로 진격하는 길은 두어 개 더 있었다. 그렇기 때문에 신립이 조령 방어에 집착할 이유가 없었던 것이다. 이렇게 보면 신립이 우선 단월역에 진을 치고 있었던 이유도 설명이 된다. 사실 조령을 넘은 일본군이 서울로 진격하는 길에 반드시 거칠 수밖에 없던 지점은 단월역이었다.

문제는 단월역 앞은 신립의 병력으로 방어선을 치기 아주 애매한 지역이었다는 점이다. 8,000명 밖에 안 되는 병력으로 치는 방어선 자체는 얇어질 것 같고, 그나마 정예인 기병을 활용할 공간은 별로 확보되지 않는 애매한 지형인 것이다. 그래서 압도적인 병력의 일본군이 몰려오자, 단월역에서 물러나 달천을 낀 평야지대로 나가는 입구로 물러난 것이다.

여기서 전투가 벌어진 곳은 물론, 신립이 전사한 곳도 탄금대가 아님을 확인할 수 있다. 당시 탄금대는 반쯤 섬이나 다름없다. 또 서울로 가는 길을 막고 있는 곳도 아니다. 그러니 신립이 이곳에 들어와 방어선을 쳤다고 하면, 그건 피신하려 했다는 뜻이 되어 버린다. 고니시 역시 쓸데없이 이런 곳까지 쫓아가 전투를 벌였다는 뜻이 되니 양쪽 지휘관 무도에게 먹칠을 하는 셈이다.

실제 전투는 단월역에서 달천 평야로 진입하는 입구에서 벌어졌다고 보아야 한다. 이 지역에서 조선군의 왼쪽 측면의 산으로 침투한 일본군이, 조선 기병의 돌파를 저지하며 역포위로 나와 조선군이 포위되며 전멸하는 형태의 전투가 벌어졌던 것 같다. 전투의 형태로 보면 신립으로서는 거의 불가항력적 상황이었던 듯하다. 그러니 그가 비난을 받아야 할 이유도 없을 것이다. 어찌 보면 무신(武臣)들을 천대했던 당시의 풍조가 패배한 지휘관에 대한 비판과 겹쳐, 신립이 처해 있던 상황을 고려하지 않고 비난만 퍼부어 대는 결과를 초래한 것이 아닌가 한다.

4. 신앙으로 치른 전투 - 우금치

들어가면서

19세기에 접어들면서 조선은, 지배층이 체제변화를 주도하지 못한 데다가 외세까지 개입하면서 혼란이 가중되었다. 이와 같이 사회가 안정을 찾지 못하고, 여기에 외세에 대한 불안감까지 더해지자 백성들은 기댈 수 있는 대안을 찾았다. 이러한 사회 분위기에 편승해 최제우(崔濟愚)는 서양의 학문인 서학(西學)에 대응하는 새로운 사상을 내세우며 동학(東學)을 창도했다.

최제우는 1864년 처형당했지만, 최시형(崔時亨)이 2대 교주로 뒤를 이으면서 교단을 지켰다. 최제우가 처형당한 이후 교주의 명예를 회복하는 차원에서 벌이던 운동이, 전라도 고부군에서 일어난 사건을 계기로 완전히 다른 방향으로 전개되었다.

고부군수로 조병갑이 부임한 뒤, 탐학에 시달리던 농민들은 전봉준

(全琫準)을 중심으로 시정을 요구했다. 그럼에도 불구하고 나아지는 점이 없자 1894년 초, 고부군의 농민들이 전봉준을 선두로 고부 관아를 습격하는 사태가 벌어졌다. 이 사건이 도화선 역할을 해서 이후 농민들은 동학을 중심으로 군대를 편성해 관군과 충돌했다.

한때 외세의 개입을 우려한 동학농민군과 정부는 전투를 중지하고, 사태를 일단 가라앉혔지만, 곧이어 청일전쟁이 일어나고 일본군이 경복궁을 점령하는 사태가 벌어졌다. 그러자 동학농민군도 다시 움직였다. 동학농민군은 10월 12일 삼례에서 다시 봉기할 것을 결의하고, 전봉준이 4천 명의 농민군을 이끌고 삼례에서 일본군을 몰아냈다.

동학농민군의 움직임에 위협을 느낀 일본 공사관은 1894년 9월 일본 본국에 연락해, 일본군 병력을 증파해 달라고 요청했다. 그리고 일본의 대본영에서는 이노우에 공사의 서울 부임과 함께 동학농민군을 무력으로 조기 진압하기로 결정하고 조선 관군의 지원을 받아 본격적인 토벌전을 벌였다.

이렇게 일본군과 조선 관군의 조직적인 공세에 직면한 동학농민군이 공주 점령을 시도하면서 벌어진 전투가 이른바 '우금치(牛禁峙) 전투'다. 12월 4~7일의 공주 남쪽의 우금치에서 벌어진 이 전투는 이른바 '동학농민전쟁'의 분수령이었다.

이 전투를 치르던 시점에서만 해도 동학농민군은 관군과 일본 연합군의 10배에 달하는 병력을 확보하고 세를 과시하고 있었다. 그러나 이 전투에서 실패한 후, 동학농민군은 더 이상 세력을 떨치지 못하고 해체되어 갔다. 그렇기 때문에 이 우금치 전투를 '동학농민전쟁'의 향방을 가른 분수령으로 평가하는 것이다. 그러면 어떻게 해서 동학농민군이 이 전투에서 실패하게 되었는지 살펴보기로 한다.

최초의 집결지 - 초포

이번 답사의 시작은 우금치 전투에 있어서 동학농민군의 첫 집결지 초포로 잡았다. 여기는 각기 다른 지역에서 일어난 동학농민군이 집결한 곳이다. 천도교단에서 발행한 《동학연구》 11집에는 집결한 곳을 논산이라고 해 놓았으나, 이 분야의 전문가인 성주현 선생은 이곳 초포라고 한다.

그 부대 중 하나는 전봉준의 지휘 아래에 일어나 움직였다. 이 부대가 호남 동학군(이른바 남접)이다. 나중에 전봉준이 체포되어 심문 받은 기록인 〈전봉준공초〉에는 삼례에서 기포(천도교단에서는 동학교도의 궐기를 이렇게 표현한다)한 날짜가 1894년 10월 12일로 되어 있다. 이 부대가 14일 경에는 집결지로 진출했을 것으로 본다.

천도교 교단 측의 기록에 의하면 전봉준 부대에 또 다른 부대도 가세했다. 그중 한 부대는 당시 동학의 통령이었던 손병희가 이끌었다. 이른바 '호서 동학군'이다. 이 병력은 5,000명 정도였다고 한다. 이들은 14일에 청산을 떠나 영동 심천(深川)과 진산을 거쳐 16일 논산에 도착했다.

여기에 옥천, 영동, 황간 방면의 동학농민군이 지원에 나섰다. 이 부대의 2만 명 중 1만 명은 회덕 방면에서 관군과 교전을 치른 후, 공주의 장기면 방면으로 진출한 것으로 보고 있다. 이들은 호남·호서 동학군이 공주를 공격할 때 금강 북쪽에서 위협을 가하도록 전략이 세워졌고 한다.

이 전략에 따라 초포에 먼저 도착한 호남 동학군이, 호서 동학군(이른
바 북접)의 합류를 기다렸다. 10월 16일에는 손병희가 이끄는 호서 동학
군이 합류했고, 이때 즈음 집결한 동학농민군은 주변 지역인 여산, 익
산, 논산, 공주, 부여, 노성 등의 동학농민군도 모여들어 2만 명을 헤아
리게 되었다고 한다. 이렇게 여러 방면에서 일어난 동학농민군이 이 지
역에 집결하면서 우금치 전투의 시발점이 되었던 것이다.

바로 이곳 초포에서 동학농민군이 집결했다는 점은 분명하지만, 당시
집결한 지점에 대한 정확한 기록은 없다. 하지만 초포마을에 와서 둘러
보니 대충 이 지점이라는 데에 의견이 모아진다.

이곳을 둘러본 조봉휘 중령께서 집결지로서는 이상적인 곳이라고 한
다. 그 기준은 사방에서 접근할 수 있는 접근로가 확보되느냐와 병력이

집결지로 생각되는 현재 초포의 모습. 벌판과 주변 야산

답사팀이 동학군 집결지였던 초포 일대의 지형을 살피기 위하여 지도를 확인하고 있다.

집결할 만한 공간이 확보되느냐이다. 그러한 요소를 갖추고 있다는 측면에서 이곳이 일시적인 집결지로서의 입지조건에는 손색이 없다는 것이다. 지도와 함께 이곳 지형을 같이 살펴보던 성주현 선생도 여기에 동의했다.

이 지역은 앞서 지적한 것 이외에도 몇 가지 이점을 더 갖추고 있다. 지형을 보면 노성천이 흐르고 있는 하천변에 들판이 있고, 작은 동산이 둘러쳐져 있다. 이런 지형은 작은 동산으로 인하여 사방에 대한 경계가 가능하고, 노성천을 끼고 있는 방향으로는 적의 기습 공격을 막아 주는 효과도 기대할 만하다.

또 노성천은 집결한 병력에 물(식수)을 공급하는 역할도 해 준다. 이 지역에 집결했던 동학농민군 1~2만 명이 일시적으로 머무는 데에는 지장이 없는 곳이라는 평가다.

주변 정세를 가늠하게 해주는 동산. 동학농민군은 이곳 초포마을에서 며칠 정도 머물다가 10월 20일경부터 노성천을 따라 노성 방면으로 이동했다.

여기서 합류한 동학농민군에게는 독자적인 보급이 있었을 것으로 본다. 우선 기본적으로 농민들이 모인 군대이므로, 원래 농부들이 각자 자기에게 필요한 일부 물자를 가지고 왔다는 것이다. 성주현 선생은 이 때문에 추수가 끝난 뒤에 기포했다고 설명해 준다. 여기에 별도로 보급부대도 운용했다. 집결했던 동학농민군은 여기서 며칠 정도 머무르다가 10월 20일 경부터 노성천을 따라 노성 방면으로 이동했다.

2차 집결지 – 노성

노성에 도착해 보니 노성산성이 있는 산으로 둘러쳐진 아래쪽에 제법 넓은 들판이 펼쳐져 있다. 지도를 보니 이 지역이 가로 세로 3킬로미

노성천 주변의 지형. 동학농민군은 초포마을에서 출발하여 이 노성천을 따라 노성, 경천으로 이동했다. 초포마을에서 노성까지는 불과 10리 안팎의 짧은 거리이기 때문에 약 일주일간 이 두 지역에 걸쳐서 병력이 주둔했다고 보는 것이 정확하다.

터 정도 되는 넓이다. 현재 병력 기준으로는 약간 좁지만, 장비가 지금에 비해 아무래도 적은 당시 군대로서는 모이는 데 큰 지장이 없는 넓이가 된다.

약간 좁은 감이 있다는 점만 제외하면 이곳 역시 제법 좋은 위치라고 쳐 줄 수 있다는 것이 동행한 군사전문가 조중령의 평가다. 산성이 있는 산이 방어해주는 역할을 할 수 있고, 여기서 내려다보면 이 지역에 대한 접근로를 관측하기도 쉽다. 또 사방에서 이 지역으로 접근할 수 있는 길도 많다.

지형 자체도 나름대로 배산임수(背山臨水)가 되어 있고 볕도 잘 드는 명당자리다. 이렇게 볕이 잘 드는 명당자리는 질병을 예방할 수 있는 등

동학농민군이 일주일간 머문 노성마을.

의 이점도 있다고 한다. 동학농민군은 초포와 노성에서 일주일가량을
머물렀다. 무엇 때문에 그래야 했는지 자세한 기록이 없이 알기 어렵지
만, 전략을 협의·조율하고 군대를 조련, 통제해야 하는 등 처리할 일이
많았기 때문이라고 추정해 본다.

하지만 이렇게 오래 머물러 버린 결과 정작 목표로 삼았던 공주 방면
에 관군과 일본군이 집결할 시간을 주고 말았다. 원래는 전략적 요충지
일 뿐 아니라, 주변의 산과 금강으로 천연의 방어시설이 정비되어 있는
공주를 점령해 놓으면 일본군이라 할지라도 탈환하기 어려울 것이라는
계산이었다. 전봉준은 이런 발상에서 일단 공주를 점령해 놓고 일본군
에 격문을 보낼 계획이었다 한다.

그래서 공주를 목표로 했던 것인데, 시간이 끌리면서 관군과 일본군
이 먼저 공주에 진입함으로써 차질을 빚었다. 이 점이 우금치를 중심으

로 한 전투 이후, 동학농민군이 괴멸했던 요인 중 하나가 된 것이다.

차라리 이곳이 "명당자리가 아니었다면, 동학농민군이 좀 더 빨리 공주로 진격했을 것 아닌가" 하는 말도 나온다. 그랬다면 동학농민군의 입장에서 좀 더 나은 결과를 얻을 수 있었을 것이라는 생각이었다.

분진점 - 경천과 널치

초포에서 노성까지의 구간은 동학농민군이 일단 집결하는 데 중점을 두었던 지역이다. 그러나 이 다음부터는 의미가 조금 다르다. 전투를 의식하고 병력을 운용하는 단계로 접어드는 것이다. 그 시발점이라 할 수 있는 곳이 경천이다.

이곳은 집결해서 같이 이동하던 동학농민군이 전봉준 부대와 손병희 부대로 나뉘어 공주로 진격하게 된 지점이다. 여기서부터 전봉준이 이끄는 부대는 효포를 거쳐 공주로 가는 길을 택해 진격했다. 반면 손병희 부대는 이인을 거쳐 공주로 진입하는 쪽으로 방향을 잡았다.

병력을 나누어야 했던 이유는 대체로 이렇게 본다. 일단 공주 지역의 지형이 공격자에게 유리한 것은 아니다. 그러니 병력을 한 지점에 대한 공격에 몰아넣기는 부담스럽다. 그보다 병력을 나누어 여러 지점을 동시 다발적으로 공략하는 편이 효과적이다. 관군과 일본군에게 절대 열세인 병력을 분산시키도록 강요하는 효과가 중요한 요소였다.

성주현 선생이 또 한 가지 요인을 지적해 준다. 동학군은 아무래도 농민군이다 보니, 신앙으로 뭉쳐 있다고 해도 지역마다 정서가 다르다. 낮

전봉준이 부대를 모아놓고 지휘했던 중심점으로 추정되는 경천 벌판의 느티나무. 경천 지역은 전봉준이 효포 방면에서 일본군과 관군이 지키는 전선을 돌파하려다 실패한 다음, 후퇴해 전열을 재정비한 곳이기도 하다.

선 사람들과 부대를 이루어 손발을 맞추기가 어려웠을 것이라 한다. 손병희가 호서 지역 동학군을, 전봉준이 호남 지역 동학군을 나누어 이끌게 된 것이 우연이 아니라는 이야기다.

그렇지만 실제로는 이 진격 통로가 꼭 지켜진 것은 아니라고도 한다. 부대에 따라 호서 동학군이 효포 쪽으로, 호남 동학군이 이인 쪽으로 가담하는 경우도 있었다는 것이다.

조중령께서 이 지역에 펼쳐진 벌판이 이른바 공격대기 지점이라 할 수 있는 분진점이라고 설명해 주신다. 이 지점이 바로 효포 축선과 이인 축선이 나뉘는 지점인 것이다. 이 지역의 동산에 올라와 가운데에 해당하는 지점에 느티나무 한 그루가 내려다보인다. 성주현 선생은 그때 전봉준이 부대를 모아 놓고 지휘했던 중심점이 아닐까 하는 추정도 해 본다.

또한 이 지역은 전봉준이 효포 방면에서 관군과 일본군이 지키는 전선을 돌파하려다 실패한 다음, 다시 후퇴해 전열을 재정비한 곳이기도 하다. 여기서 전봉준은 부대를 5개로 나누어 공주로 들어갈 수 있는 대부분의 지점에 다시 돌파를 시도했다. 관군 1,200여 명과 일본군 800명 가량에 비해 10배 정도 많은 병력을 활용해 보려는 전략이었다.

○ 편성

조선정부군(조선 중앙군 1,200여 명)	일본군(일본군 약 800여 명
– 서산군수 성하영, 공주감영 참모관 구완희, 안성군수 홍운섭, 경리청 영관 구상조, 공주 우영장 이기동, 경리대관 백낙완 – 증원 병력 : 토벌군 선봉장 이규태 선봉진군의 병력	– 선봉장 스즈키 아키라 소위 1개 중대 200여 명 – 증원 병력 : 모리오 대위 1개 중대 100여 명, 일본군 1개 대대 500여 명

공주 방면의 병력 배치 상황

공주 이인 지역의 병력배치와 전투 상황

효포에서 올려다본 능암산 능선.

경천 다음에 나오는 널치 고개 역시 당시 전투에서 의미심장한 곳이
다. 이 고개를 넘어 가면 바로 전봉준 부대가 23일 처음 공주로 진입하
기 위하여 돌파를 시도했던 효포가 나온다. 동학농민군이 공주로 진격
할 때에는 별다른 저항 없이 무사통과했지만, 우금치에서 패배하고 밀려
내려올 때에는 마지막 방어선으로 삼았던 곳이다. 이때 관군이 동학농민
군의 복장으로 변장하고 기습해서 큰 타격을 주었던 지점이기도 하다.

지금은 새로 도로를 내며 여러 곳을 깎아내 버리는 바람에 지형이 많
이 달라졌다. 심지어 널치에서 효포로 넘어가는 옛길은 중간에 끊어지
고 없어져 버리기까지 한다. 덕분에 우리 팀도 옛길과 신작로를 오가며
널치를 지나올 수밖에 없었다.

공방의 요충지 - 효포

널치 고개를 넘으면 효포가 나온다. 이 지역이 바로 전봉준 부대가 공주 감영을 점령하기 위해, 관군과 일본군의 방어선에 처음으로 본격적인 돌파를 시도한 지점이다. 이곳 자체는 배치된 관군이 동학농민군을 보고 도망치면서 쉽게 돌파되었다. 그러나 여기서부터 봉화대·능치 방면으로 넘어가려는 과정에서 벌어졌던 전투는 만만치 않았다.

전봉준은 24일 새벽부터 4,000여 명의 정예 병력을 투입하여 웅치 산줄기에 뻗어 있는 여러 능선으로 기어올라 돌파하려 했다. 관군은 이를 일단 저지하는 한편, 증원군을 요청했다. 그 결과 24일 밤, 홍운섭이 이끄는 관군과 모리오(森尾)가 이끄는 일본군이 투입되었다. 이들은 금강진과 월성산에 1개 소대씩 배치하고 방어에 들어갔다.

홍운섭과 조병완이 금강진을 수비하는 사이, 구상조는 1개 소대 병력을 이끌고 봉수재를 방어했다. 25일에는 서산군수 성하영이 웅치 방어에 가세했다. 약간이나마 병력이 증간되면서 관군 측은 반격에 나섰다. 구상조와 일본군 30명은 남쪽에 있는 동학농민군의 좌측 방면을, 홍운섭과 조병완은 동학농민군의 북쪽 우측을 맡았다.

이 공격 덕분에 한다리까지 진출했던 동학농민군이 24일 관군의 기습을 받고 패주했다. 그러면서 약간의 차질을 빚기는 했지만, 동학농민군은 다시 전열을 정비하여 공격에 나섰다. 전봉준은 관군의 지원병력이 늘어나기 전에 웅치를 넘으려 공격을 서둘렀다.《주한일본공사관기록》에는 이때 40명 가량의 청국군이 끼어 있었다는 내용이 나온다.

그러나 강력한 공세를 폈음에도 불구하고, 험준한 지형에 의지해서

능암산 능선에서 내려다 본 효포 일대. 당시 농민군이 효포에서 이 산 능선을 향해 공격해 올라왔고, 일본군이 능암산 능선에 포진하여 방어했다.

방어하는 관군과 일본군의 방어선을 뚫지는 못했다. 식량과 탄약도 떨어져 가며, 장기간의 공세에 병사들이 피로를 느끼자 전봉준은 경천으로 부대를 퇴각시켰다. 이 지역이 바로 이때의 전투가 벌어진 곳이다.

효포에서 능암산 방면으로 올라와 보니 이 지역의 산세가 험하다는 점을 느낄 수 있었다. 지금은 비록 좁기는 하지만 그나마 포장도로가 나 있어 차량이 다닐 수 있는 상태다. 이런 것이 없던 당시에는 길도 더 좁고 험하게 느껴졌을 것이다. 우리는 차량으로 능암사까지 올라갔다. 여기서 포장도로가 끊겨진다.

할 수 없이 같이 온 사람 중 가장 나이가 어린 친구에게 돌아서 반대 방향으로 차를 몰아 줄 것을 부탁하고 우리 팀은 걸어서 산을 넘어가 보기로 했다. 조 중령님 설명으로는 포장도로가 끊기는 지점을 중심으

효포에서 능암산 오르는 길 중턱에 있는 능암사.

로 한 라인이 당시 관군과 일본군의 방어선일 것이라고 한다.

그 점을 이해하고 보니 당시 동학농민군 패배의 중요한 요인이 선명하게 드러나는 것 같다. 보통 방어전면에 공격자가 세 배 이상의 병력을 투입할 수 있어야 성공을 거둘 수 있다고 본다. 그런데 이런 지형에서는 공격 측의 전체 병력이 아무리 많다 하더라도 정작 중요한 방어전면에 투입할 수 있는 병력의 숫자가 제한되어 버린다.

심지어 방어전면 자체로만 국한시켜서 보면 공격 측이 방어 측보다 적은 병력이 투입되는 결과가 빚어질 수도 있다. 공격자가 접근할 수 있는 길이 워낙 제한되어 있고 좁다. 그 때문에 그 좁은 방어전면에서는 소수의 병력만이 전투에 임하고, 나머지 병력은 뒷줄에 서서 멍하니 상황을 보고만 있게 되는 사태가 벌어지는 것이다.

이에 비해 능암산 정상에서 능치 쪽으로 이어지는 능선을 걷다 보니 올라오던 길에 비하여 참 다니기 편하게 되어 있음을 깨닫게 된다. 방어자의 입장에서는 일종의 축복이다. 자기들은 이 길을 이용해서 요소요소에 필요한 이동을 할 수 있는 데 비해, 공격자들은 험한 지형 때문에 함정으로 걸어 들어오는 꼴이 되어 버리는 것이다.

게다가 이쪽 능선에서는 아래쪽 공격자의 움직임이 훤히 내려다 보인다. 따라서 기습적인 공격을 하기도 매우 곤란하다. 그렇기 때문에 관군 측은 압도적인 병력으로 2주에 걸쳐 공격해 오는 동학농민군을 막아낼 수 있었던 것이다.

주전장 – 우금치

능치쪽으로 산을 건너와 조금만 이동해 보니 당시의 주전장이라 할 수 있는 우금치 지역이 나타난다. 공주 감영이 있던 곳과 매우 가까운 지역이다. 동학농민군이 주력부대를 이쪽으로 투입한 이유를 짐작할 수 있다.

동학농민군은 웅치 돌파에 실패한 이후, 10여 일 동안 전열 정비에 치중했다. 날씨가 추워지면서 솜옷 등 여러 가지 준비가 필요해졌기 때문이라고 본다. 동학농민군의 2차 공세는, 어느 정도 전열을 정비한 후인 11월 7~8일부터 재개되었다.

당시 견준산-주봉세제-우금치 쪽 산세에 의지해서 진을 치고 있던 관군과 일본군은, 맞은편 봉정동-주미동-방축골 쪽에 진을 쳤던 동학농민군과 대치하고 있었다. 이를 묘사한 관군 측의 기록이 주목할 만 하다.

9일 날이 밝은 후 적의 진영을 살피니, 각 진에서 서로 보이는 봉우리마다 온갖 깃발을 꽂고 있었다. 동쪽 널치 후봉에서 서쪽 봉황산 후록까지 30~40리에 걸쳐 산 위에 진을 치고 마치 사람으로 병풍을 두른 듯이 기세가 대단하다.

공주일대 고저 분석도

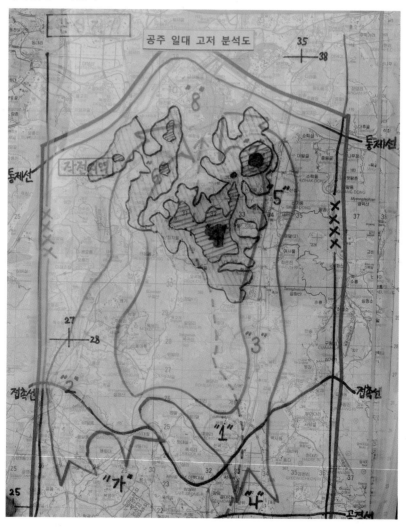

우금치 방면의 병력 배치도

　그 당시 긴박했던 상황과 동학농민군의 기세를 엿볼 수 있는 내용이
다. 병력의 열세를 인식한 관군과 일본군은 공주 주변의 산봉우리를 중
심으로 방어선을 짜고 이 선을 지키는 데 주력했다.

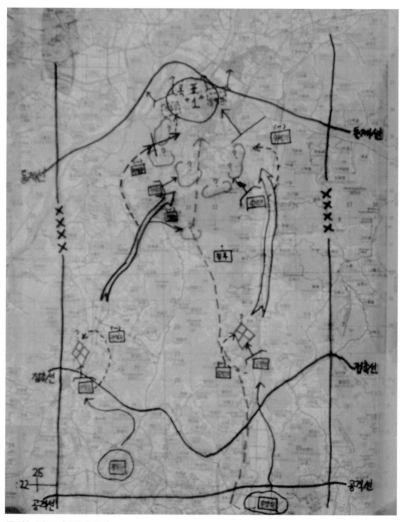

동학농민군의 공격계획

관군 측에서는 통위영 소속의 병력 250명을 동쪽 월성산에, 경리영 소속의 280명은 향봉 부근에 배치했다. 그리고 이인까지 전진해서 방어 하던 경리영 소속 병력 280명을 철수시켜 우금치 산에 배치 방어선을 짰다. 일본군 병력도 100명을 우금치 산에, 40명을 향봉에 배치했다.

이 지역 역시 돌파하려는 동학농민군과 이를 저지하려던 관군·일본군이 처해 있던 상황은 효포 방면과 별다른 차이가 없다. 그러나 주전장이었던 이곳에서는 효포와는 전투의 양상이 달랐다. 탐색전 정도의 충돌에 그쳤던 효포에서의 접전과 달리 이곳에서는 운명을 걸고 돌파를 시도했기 때문이다.

우금치 방면의 돌파는 11월 9일부터 본격적으로 시작되었다. 《주한일본공사관기록》에는 오전 10시부터 이인 방면과 오실 뒷산으로부터 동학농민군의 공세가 시작되어, 10시 40분 경에는 우금치에서 500미터 산위까지 전진해왔다고 한다. 12시 경에는 동학농민군 200여 명이 우금치 방어선의 150미터까지, 그중 50~60명은 몇 미터 전방까지 접근했다.

그러나 여기까지가 동학농민군의 한계였다. 관군 측은 산등성이에서 일제사격으로 총을 발사하고 재빨리 엄폐물 뒤로 몸을 숨겼다가, 다시 사격에 나서는 수법을 반복적으로 사용했다. 지형 때문에 한꺼번에 많은 병력이 적에 접근할 수 없는 동학농민군의 입장에서는 이를 타개할 대책을 찾지 못했다. 무모한 돌파로 인한 희생만 쌓여가자 동학농민군은 위축되었다.

그러자 1시 40분 경부터 관군과 일본군은 역공에 나서기 시작했다. 경리영 소속 병사 50명이 동학농민군의 좌측 방면을 공격하기 시작하자, 동학농민군은 즉각 산위로 후퇴했다. 이때 일본군은 후퇴하며 응전하는 동학농민군을 제압하기 위해 2,000발에 달하는 탄약을 소모하며 집중사격을 퍼부었다. 이 화력에 동학농민군이 더욱 움츠러들자, 일본군은 2시 20분 경부터 전면 공격에 나섰다. 이 반격에 밀린 동학농민군은 후퇴하기 시작했다.

동학농민군은 우금치뿐 아니라, 공주로 들어가는 모든 길목을 공략했다. 손병희가 이끄는 부대도 우금치 서쪽과 봉황산 일대에서 돌파를 시도했다. 이 방면에서도 치열한 공방전이 벌어졌으나, 결국 동학농민군의 돌파는 실패로 돌아갔다.

조 중령께서 가져오신 자료를 놓고 보니 동학농민군이 실패할 수밖에 없었던 요인이 비교적 확실하게 나타난다. 당시 동학농민군에게는 지형 이외에도 불리한 점이 있었다. 우선 무기의 차이다.

동학농민군 보유 총기	관군과 일본군이 보유한 총기
화승총(총구장전식, 유효사거리 70미터, 30초당 1발)	미제 스나이더 소총(후장(後裝)식 장전, 유효사거리 350미터, 1초당 1발)

동학농민군이 보유하고 있던 최신무기라고 해봐야, 화승총이 고작이다. 활이 일부 가세한다고 하지만, 근대전에서 활의 효용은 아무래도 한계가 크다. 일단 사정거리에서 심각한 문제가 생긴다. 동학농민군이 보유하고 있던 화승총의 유효사거리가 70미터 가량으로 평가되는 데 비해 관군과 일본군이 보유한 총의 사정거리는 200~300미터 가량 더 긴 것이다. 그러니 동학농민군은 자신들이 공격할 수 있는 지점까지 접근하는 과정에서만 해도 상당한 희생을 치러야 했던 셈이다.

더구나 당시 날씨까지도 동학농민군에 불리하게 작용했다고 한다. 하필 이때 비가 내렸다는 것이다. 이는 화승총의 화약을 젖게 해서 가뜩이나 사정거리에서 딸리는 화승총이 제대로 발사조차 되지 않는 상황을 야기했다.

이런 와중에 풍향까지 북서풍이 불었다고 한다. 총을 쓰는 근대전에서 활의 효용가치라는 것이 크게 축소되기는 했지만, 그래도 숫자를 앞세워 조금이라도 만회를 해 볼 여지가 있었다. 그러나 그런 실낱같은 기대마저도 북서풍이 꺾어 버린 셈이다. 관군에도 있었을 활끼리의 사정거리와 위력만 비교하더라도 산 아래쪽에서 쏘는 동학농민군이 불리한 판이다. 여기에 풍향까지 동학농민군 쪽 활의 위력을 반감시키는 방향으로 작용한 것이다. 그랬기 때문에 돌파를 하는 입장인 동학농민군의 피해가 더 커졌을 것이라 한다.

□ 전장 지역 분석

일자별	날씨	추정 기온	풍속
11. 19	차가운 비 오락가락 함	$6^{\circ}C$	
11. 20	흐 림	$5.3^{\circ}C$	
11. 21	구름많고 비 뿌림	$4.6^{\circ}C$	· 풍향: 북서 및 북동풍
11. 22	맑음	$4^{\circ}C$	· 풍속: 평균 1 ~ 2m/s
12. 4	밤부터 비 내림	$0^{\circ}C$	
12. 5	흐 림	$-0.1^{\circ}C$	

※ 강수일: 11. 19, 11. 21, 12. 4

○ 기상이 미친 영향

• 강 수

: 비로 인해 동학농민군이 사용한 화승총 및 화포 점화 불가 또는 제한

→ 조일연합군은 자동점화장치가 되는 스나이더 소총 사용으로 비의 영
   향을 상대적으로 적게 받음

• 풍향 및 풍속

: 북풍으로 인해 저지대에서 고지대로 공격하던 동학농민군의 투척무기
   (활, 창)의 운용에 불리

• 기 온

: 12월 초순의 차가운 비와 추위는 숙영을 해야 했던 동학농민군에게 큰
   장애요인

→ 추위 극복을 위해 야영시 피웠던 불은 부대 위치와 규모를 조일연합군
   에게 노출시킴

그리고 체계적인 탄약 보급이 없이 전투에 나섰다는 점도 문제였을
것이라고 볼 수 있다. 동학농민군이 치열하게 시도하던 공세를 중단하고
퇴각한 뒤, 결국 재기하지 못하고 해체된 이면에는 탄약이 떨어졌기 때
문이라는 요인을 지목하기도 한다.

조 중령께서는 당시 전투에서 적에 접근했던 동학농민군은 50~60명
정도였다는 기록에 대해 언급했다. 실제로는 이보다도 더 적지 않았겠
느냐고 본다. 나머지 병력은 접근도 해 보지 못하고 피해만 보았다는 이
야기가 된다. 이런 사정을 감안하면 당시 '동학농민군은 전사라기보다
순교'를 한 것이라고 보아야 하지 않겠느냐는 말도 나온다.

그런데 이 지역을 돌아보면 옛 모습을 그대로 간직하고 있는 것은 아

공주시내 금학동에서 우금치로 향하는 길. 우금치 전적지는 터널 입구 오른쪽에 있다.

니라는 점을 느낄 수 있다. 옛날에는 산줄기로 막혀 있었을 지형이 지금은 허리를 끊고 길을 내놓은 상태다. 최근에는 터널까지 뚫어 놓았다. 이런 길을 지나다니면서 이곳이 남쪽에서 올라오는 동학농민군을 상대로 공주를 방어했던 험한 지형의 전략 거점이었다는 사실을 느끼기는 어렵다.

성주현 선생이 일설에 우금치라는 지명이 "소를 가지고 넘어가지 말라"는 의미를 가지고 있었다는 말을 꺼낸다. 하도 약탈을 많이 당하다 보니 관가에서 귀중한 자산인 소를 가지고 넘어가는 일을 막았다고 해서 붙은 이름이라는 것이다. 그러나 조 중령께서는 고개를 갸웃했다. 공식 기록에 남아 있는 지명에는 이런 점을 시사하는 내용이 없다는 점이 그 근거다. 사실 현지에 쓰여 있는 글자나 기록에는 우금치의 금자가 금(金)으로 표기되어 있다.

우금치 전적지에 세운 위령탑. 실제로 전투가 벌어진 곳은 여기가 아니라 터널 지나서 남쪽 산기슭 일대였다.

이와 함께 이 전적지에서 꼭 알아두어야 할 점이 있다. 우금치 전투에 대한 기억을 보존하기 위하여 이 지역에는 위령탑과 전적지 표지판을 마련해 놓았다. 문제는 이것들이 실제 전투가 벌어진 곳이 아니라, 공주 쪽으로 훨씬 들어와 있는 위치에 세워져 있다는 사실이다.

전투는 고개를 넘어오기 전에 벌어졌고, 동학농민군이 돌파에 실패한 상황이니 당연히 전투가 벌어진 지역은 공주 외곽이 되어야 한다. 하지만 위령탑과 전적지 표지판을 공주 쪽으로 고개를 넘어 온 위치에 세워져 있는 것이다. 사정을 모르는 대부분의 사람들은 나중에 세워진 표지판만 믿고 바로 그 위치가 전투가 벌어진 전적지로 알기 십상이다.

우금치 전투와 직접적으로 관련된 것은 아니지만, 후대에 당시의 기억을 흐트러뜨리는 사례는 또 있다. 우금치의 위령탑은 1973년 세워졌

위령탑 앞 뒤의 비문과 감사문에서 대통령 박정희와 관련된 글자들을 모두 긁어냈다. 의도는 어떨지 모르겠지만, 어떤 이유로든 역사적 기념물을 훼손하는 행위가 좋아보이지는 않는다.(사진 위, 아래)

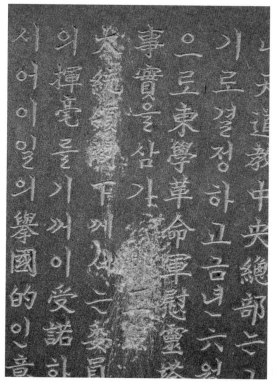

확대된 훼손 부분

다. 시작은 어느 기업인 독지가가 했지만, 나중에 자금이 모자라자 지방 자치단체와 대통령의 지원을 받아 위령탑을 세웠다고 한다. 그래서 이 때 위령탑의 앞뒤 쪽에 비문과 감사문을 새겨 넣었다.

　문제는 여기 당시 대통령이었던 박정희의 이름이 들어가 있었다는 점이다. 민주화 운동이 일어나던 당시, "독재자의 이름이 동학농민군의 혼을 위로하자는 위령탑에 들어가 있는 꼴을 못 보겠다"는 이유로 비문과 감사문에서 대통령 박정희와 관련된 글자들을 모두 긁어내 놓았다. 의도는 어떨지 모르겠지만, 어떤 이유로든 역사적 기념물을 훼손하는 행위가 좋아보이지는 않는다.

우금치 터널 지나 길 오른쪽에 있는 느티나무. 여기서 답사팀은 총탄이 스쳐갔거나 화살에 맞았던 흔적을 발견했다.

당시 전투가 벌어진 지역을 살펴보다 보니 아름드리 나무 한 그루가 나타난다. 성주현 선생이 저 정도의 나무면 전투가 벌어지기 전부터 서 있었을 것이라고 한마디했다. 그 말을 들은 조 중령께서 나무를 한번 살펴보더니 몇 군데를 가리킨다. 나무에 움푹 들어간 옹이가 패어져 있거나 뭔가 스쳐 지나간 흔적이 남아 있는 것이다. 전투가 벌어지던 당시 총알이나 화살이 맞았던 흔적일 수 있다고 하신다. 벌써 100년이 지났건만, 당시의 아픔을 보여 주는 흔적이 지금까지 남아 있다는 점이 묘한 감정을 불러 일으킨다.

손병희 부대가 관군에 격퇴되어 후퇴한 이후에도, 웅치와 향봉 쪽 동학농민군은 버티고 있었다. 그런데 이때 관군 측에서 소수 병력을 농민군으로 위장시켜 잠입해 기습공격을 가했다. 이에 당황한 이 방면의 동

느티나무에 남아 있는 우금치 전투의 흔적(추정).

학농민군이 물러났다는 기록도 있다.

물러난 동학농민군은 노성에서 재집결해서 병력을 재정비하려 했으나, 공주 점령 실패로 사기가 떨어진 상태였다. 여기에 탄약과 식량 등 물자사정도 여의치 않아 논산으로, 또다시 전주로 후퇴했다. 그러나 다시 재기하지는 못했다.

또 다른 격전지 – 이인

우금치에서 조금 떨어진 이인은 경천에서 전봉준 부대와 갈라진 손병

손병희 부대가 공주로 진격하는 과정에 전투가 벌어진 이인 일대. 당시 이인역이 이인초등학교 뒤쪽에 있었으며, 이를 점령하기 위한 전투였다.

희 부대가 공주로 진격하는 과정에서 전투가 벌어진 지역이다. 23일 손병희 부대가 이곳으로 진격하자, 관군 측에서는 성하영 휘하의 윤영성과 구완희가 이끄는 350명과 스즈키(鈴木)군조가 이끄는 일본군 30명으로 구성된 부대들이 동학농민군에 반격을 가해 왔다. 이 반격에 손병희 부대는 일단 물러났다.

그러나 관군 측은 곧 우금치로 후퇴했다. 일부 동학농민군이 이인 뒤편으로 우회해서 포위를 시도한다는 정보를 입수했기 때문이다. 이후 관군 측은 소수 병력으로 출격하는 것이 불리하다는 판단에 따라 공주 방어에 주력했다. 그 덕분에 손병희 부대는 다시 이인을 점령할 수 있었다.

이곳을 점령해야 했던 이유는 이인역을 장악해야 했기 때문이라고 한다. 그래야 유사시 다른 곳에서 합류할 동학농민군이 자유롭게 이동할 수 있는 거점이 확보되기 때문이다. 전투의 주요 목적이 이인역을 점령하는 데 두어졌던 이유는 여기에 있었다고 한다. 현재 이인초등학교

마을 뒷산에서 내려다본 이인마을 전경.

가 있는 뒤쪽 자리가 당시 이인역이 있었던 자리라고 한다.

　초등학교 뒤산에 올라가 보면 왜 이곳이 중요한 거점인지 한눈에 알
수 있다. 이곳은 사통팔달로 뚫려 있는 길의 중심에 자리 잡고 있다. 공
주로 진격하는 데에도 중요한 거점이지만, 유사시 상황이 어려워지면 퇴
로를 확보하기도 쉽다. 또 우리가 올라와 있는 산을 점령하고 있으면 부
근을 지나가는 것들을 쉽게 관측할 수 있다.

　11월 3일에 이르러서는 관군 측에서 널치 방면과 함께 이인 쪽에도
경리청 소속의 부대를 파견해서 동학농민군의 동태를 살피기 시작했다.
그러다가 11월 8일부터 재개된 동학농민군의 공주 공략 작전에 따라 이
인 방면의 손병희 부대도 우금치 서쪽과 봉황산 방면으로 공격에 나섰

다. 《남정록》에 의하면 140명의 병력으로 이인 남쪽 취병산에 배치되어 있던 관군은 동학농민군에 포위되었다가 간신히 빠져나왔다고 한다.

성주현 선생은 손병희 부대가 우금치 방면을 거쳐 효포 방면에까지 병력을 전개시켜 돌파를 시도했을 것으로 추정했다. 그러나 손병희 부대의 가세에도 불구하고 관군과 일본군이 구축한 공주 방어선은 돌파되지 않았다.

동학농민군이 우금치를 중심으로 한 방어선 돌파에 실패하면서, 전세는 기울기 시작했다. 관군과 일본군이 반격해오자, 손병희 부대가 먼저 퇴각했다. 이 방면의 관군은 적당히 추격하다가 멈추었다고 한다.

전봉준도 경천-논산을 거쳐 정읍까지 물러났다. 그리고 휘하부대들을 돌려보낸 뒤, 피신 생활을 하다가 결국 1894년 12월 순창에서 체포되었다. 전봉준은 한성부로 압송된 후 일본 공사와 조선 의금부의 조사를 받으며 모진 고문을 당했지만, 끝까지 의연함을 유지했다. 그래서 일본인들조차 "전봉준은 지도자의 자질을 갖춘 사람"이라고 인정했다고 한다. 그럼에도 전봉준은 이듬해 사형을 당했다. 이후 조선 관군과 일본군은 호남 일대의 농민군에 대해 학살을 벌였다.

이곳 이인의 산 위에서 김우선 선생이 이곳의 전경을 사진에 담았다. 이번 답사도 이것으로 마쳤다.

맺으면서

우금치 전투를 종합적으로 분석해 보는 데에는 중요한 요소 한 가지를 감안해야 한다. 전쟁의 양상이 시대의 변화에 따라 근대전으로 전환되는 시기라는 것이다. 동학농민군의 패배에도 이러한 전환기에 부각된 요소가 중요한 역할을 했다.

무기가 비슷했던 전근대 전투였다면, 동원 병력이 10배의 우위를 가진 상대를 격파한다는 것은 어려웠다. 그런데 우금치 전투에서는 동학농민군이 그런 병력 우위를 가지고도 허무하다 싶을 만큼 쉽게 패배했다.

병력의 숫자가 큰 역할을 하던 전근대 전투에 비해, 근대전에서는 무기와 장비의 중요성이 커졌다는 점을 느낄 수 있는 전투였다고 할 수 있다. 무기와 장비를 기술적으로 이용한다는 요소가 이전 시대의 전투보다 훨씬 더 중요한 요인으로 작용할 수 있다는 점을 보여 준 셈이다.

여기에 동학농민군은 전투의 시기까지 잘못 잡았다. 가득이나 화력에서 열세에 처해 있는 상황에서 비가 오는 날씨에 전투를 벌였다. 날씨의 영향을 덜 받는 스나이더 소총에 비해 동학농민군의 주무기인 화승총은 비오는 날씨에 더욱 무력해질 수밖에 없었다.

이에 더하여 정보 수집 능력도 중요한 역할을 했다. 동학농민군이 사람을 통해 들어오는 정보에 거의 전적으로 의존할 수밖에 없었던 반면, 일본군은 망원경 등의 장비를 이용해서 중요한 병력 이동 정보를 수집할 수 있었다는 것이다. 이인에서 손병희 부대를 물리쳤던 관군과 일본군이 전봉준 부대의 북상을 파악하고 신속하게 우금치 방면으로 이동한 점이 바로 정보 수집능력 덕분이라고 한다.

조 중령께서는 또 다른 문제점도 지적한다. 지휘·통제가 체계적이고 일관되지 못했다는 점이다. 동학군이 농민군이라는 한계가 이 점에서 드러났다는 것이다. 노성에서 너무 오래 머물며, 관군과 일본군이 공주를 방어할 병력을 집결시킬 시간을 주었던 이유도 여기서 찾는다. 여러 지역의 동학농민군이 모여 조율할 것이 많다 보니 신속한 결단을 내리는데 지장이 있었을 것이라는 생각이다.

물론 이 때문에 동학농민군이 해야 할 것을 못했다고 잘라 말하기는 어렵다. 또한 이러한 전략·전술적인 문제가 동학농민군의 봉기 자체에 대한 역사적 의의에 영향을 주는 것도 아니다.

5. 상식을 뛰어넘은 선전,
춘천-홍천 전투

춘천-홍천 전투 왜 주목할까?

한국전쟁에 있어서 사람들에게 박혀 있는 초기 전투의 인상은 간단하다. 국군이 허무하게 무너져 버렸다는 것. 그럴 만큼 국군과 북한군의 전력 차이는 컸다. 사실 '전력 차이가 컸다'는 말 정도로는 실상이 제대로 와 닿지 않을 테니 애초부터 '상대가 되지 않는 전력'이라고 해야 옳을 것 같다.

이런 말이 나와야 할 만큼 심각했던 '전력 차이'의 핵심은 병력의 차이보다 무기와 장비의 차이에 더 비중을 두어야 한다. 현대전에서는 단순한 숫자의 차이보다 무기와 장비의 차이가 더 극복하기 어렵기 때문이다.

한국전쟁에 있어서 국군과 북한군의 핵심적인 격차는 전차(戰車)와 그에 대응하는 대전차화기의 성능 차이를 꼽는다. 2차 세계대전 이후 한국전쟁에 이르는 시기 전쟁에서는 전차를 중심으로 한 전선 돌파의 성공 여부가 전체 전쟁에 결정적인 영향을 준다고 해도 지나친 말이 아니다.

그런 전쟁에서 국군에게 적 전차를 파괴할 수 있는 대전차화기가 없었다는 사실이 의미하는 바는 명백했다. 전투가 벌어지면 극복할 수 있는 방법이 없었으며, 전선은 돌파될 수밖에 없는 상황이었다는 것이다. 국군으로서는 글자 그대로 '속수무책'이었던 셈이다.

1950년 6월 25일 전쟁이 터진 후, 38선 대부분의 전선에서는 전투가 바로 이런 형태로 진행되었다. 그런데 예외가 있었다. 바로 춘천과 홍천 지구 전투였다.

왜 이 지역에서는 다른 곳처럼 '전선이 붕괴되는' 참극이 벌어지지 않은 것일까? 이곳에 배치된 국군의 무기나 장비가 다른 전선보다 나았던 것은 아니다. 오히려 수도 서울을 방어해야 하는 '서부전선'에 비해 더 많은 투자를 해 줄 수 있는 지역이 아니었다. 그런데도 다른 전선과 달리 북한군 기갑차량 여러 대를 파괴하는 전과를 올렸다.

그렇다면 상대했던 북한군의 전력이 서부전선에 비해 약했던 것일까? 그런 것도 아니다. 이 지역을 맡고 있던 북한 제2군단은 북한군 중에서 최정예 부대였다고 해도 지나치지 않다.

여기에 소속된 2사단은 병사 대부분이 6개월 이상의 군사훈련을 마친 상태였고, 북한군 7개 사단 중 최우수사단으로 선정되기도 하였다. 또 다른 사단인 12사단 역시 이른바 '팔로군' 출신 1만2,000명을 끌어들여 이들을 주축으로 편성되었다. 그래서 '나남사단'이라고 불리기도 했다 한다. 남침 2개월 전 급히 편성하는 바람에 협동작전에 문제가 있었지만, 실전 경험이 풍부한 병력이었다. 또한 산악훈련을 집중적으로 실시하였을 뿐 아니라, 병력도 타 사단에 비하여 1,000명이 더 많았다. 북한군의 입장에서는 '명품사단'들이라고 할 수 있다.

북한 측에서 춘천-홍천 지역에 최정예부대를 배치해야 했던 이유가 있었다. 그 이유는 이 지역에 배치된 북한 제2군단의 임무를 보면 알 수 있다. 북한군 제2군단은 서울 공격의 조공부대로서, 6월 25일 당일에 춘천을 점령하고 즉각 수원 방면으로 진격해서 서울 방어를 위해 집중될 국군의 증원부대를 차단함과 동시에 한강 이북의 국군을 포위·섬멸하는 임무를 부여받고 있었다. 이른바 '집게발의 뚜껑을 닫는 역할'을 시킨 것이다.

이러한 임무의 실패는 북한군이 서울에서 3일간 진격을 멈추었던 문제와도 직결되어 있다. 춘천-홍천 전선의 돌파로 수도권의 국군을 포위· 섬멸하려던 계획이 좌절되자 부득이하게 국군의 퇴각을 막으려 진격까지 늦추었던 것이다. 뒤집어 말해서 북한의 계획이 성공적으로 수행되었다면, 국군은 초반에 더 심각한 위기에 빠질 수도 있었다는 이야기다.

결국 별다른 전력을 가지고 있지 못했던 국군 6사단이 압도적인 무기와 장비, 병력을 가진 북한 최정예부대에 타격을 주며 진격을 늦추었음은 물론, 북한 측의 계획 전체에 차질을 빚게 만든 셈이다. 어떻게 이런 전투가 가능했을까? 지금부터 찾아나서 보자.

최초의 교전 – 참극의 현장들

답사 때마다 느끼는 것이지만, 역시 현장에 와서 보는 감은 자료로 보는 것과 다르다. 실제로 간 순서와 상관없이 처음 전투가 벌어진 38선 지역부터 살펴보기로 하자. 춘천 지역에서는 현재의 휴전선이 38선보다 북쪽으로 올라가 있어 38선 현장을 볼 수 있다는 점이 다행스럽다.

차를 타고 올라가다 보니, 도로 옆에 "여기가 38선입니다"라고 쓰인 비석이 보인다. 그리고 부근에 모진교 전투에 대하여 설명한 지도와 안내문이 있다. 이 지역에서 전적지 관리를 잘 하는 점을 보여 주는 사례 하나가 되겠다.

보통 전적지에 가면 당시 상황을 설명해 주는 안내문은 있어도, 한눈에 전쟁 상황을 파악할 수 있는 지도가 붙어 있는 경우는 별로 없다. 여기는 중요한 전적지마다 그런 지도가 붙어 있어 많은 도움이 된다.

그런데 38선 표지석을 찍고 난 후, 일행들이 이상하다고 고개를 갸웃

원평리 5번 국도변에 새로 세운 38선 표지석. 여기서 북쪽 말고개로 이어지는 길이 6.25 당시의 옛길이며, 마평마을 입구에 또 하나의 38선 표지석이 있다.

모진교 전적지

모진교는 화천~춘천을 잇는 5번도로로 북한강상 교량으로 38°선 남쪽 300m 지점에 위치하고 있었으나 지금은 춘천댐 건설로 수몰되어 그 흔적을 찾을 수가 없고, 북한강 동쪽의 도로 또한 수몰되었다.

모진교는 춘천지구 초기 전투의 상징적인 장소로서 6.25전쟁 발발당시 6사단 7연대 3대대 9중대가 방어하고 있었다.

적은 1950년 6월 25일 04:00시 공격준비 사격을 개시하였고, 이때 286고지에 위치한 9중대 관측소에 적포탄이 명중하여 중대장을 포함한 1개분대가 폭사하였으며 중대지휘통신체계기 일시 마비되었다. 고탄리 중대본부에 있던 부중대장이 급거 중대 관측소에 도착 잔여병력을 수습하여 방어 진지를 편성하고, 포병사격 연신후 제파식으로 공격해 오는 적부대를 근거리까지 유인한 후 가급사격을 실시해 제1제파를 격멸하었으나 탄약이 떨어져 어쩔 수 없이 양통고개 방향으로 철수하였다. 이 무렵 우건방 372고지를 방어하던 1소대도 적 1개중대와 교전했는데 소대장이 전사하고 병력 절반이 손실되자 수리룡쪽으로 철수하였다.

적은 우측의 A군 진지를 돌파해 측방 위험을 제거한 후 모진교를 공격하기 시작했다. 05:00시경 SU-76 자주포 10대를 앞세운 적이 모진교 북방에 출현하여 모진교 남쪽에 구축한 아군진지에 맹포격을 가한 후 05:30분경부터 모진교를 건너오기 시작하였다. 이 때 아군진지는 적포격에 의해 대부분 파괴되었지만 교량 동쪽끝에 배치된 2.36인치 로켓포가 적자주포에 대하여 사격을 실시, 수발을 명중시켰다. 그러나 적자주포는 파괴되지 않고 계속 전진해 오자 아군소대는 붕괴되어 철수하였다. 또한 급거 출동한 연대 57미리 대전차포 1문이 서원고개에서 남진하는 적자주포에 사격을 가해 명중시켰지만 파괴되지 않자 역골방향으로 철수하였다.

안타깝게도 아군은 모진교 폭파 계획을 수립하지 않아 교량 파괴에 실패함으로서 남침 당일 09:00시경에는 적이 춘천이 바라 보이는 역골까지 무인지경으로 남진하게 하는 뼈아픈 전훈을 남겼다.

당시 빈약한 무기로 적에 대항하여 용감히 싸웠던 국군장병들의 투혼을 기리고 다시는 뼈아픈 역사가 반복되지 않도록 다짐하는 의미에서 이곳에 전적지 표지석을 세운다.

2군단 춘천대첩애국선양회 춘천시

2010. 6. 25

모진교 전적지 안내판. 38선 남쪽 300미터 지점에는 일제강점기에 세운 모진교라는 다리가 있었다. 지금은 수몰되어 강물 아래 잠겨 있으나 극심한 가뭄이 드는 해에 한 번씩 모습을 드러내기도 한다. 개전 당시 침공계획을 수립했던 소련군 장교들은 탱크 등 기갑차량이 도하할 수 있는 이 모진교 확보를 가장 중요한 목표로 삼았다.

한다. 38선 표지석이 있기는 하지만, 아무리 봐도 여기가 38선 같지는 않다는 것이다. 여기가 38선이면 모진교가 있던 곳을 지나쳤다는 이야기인데, 그럴 만한 곳을 지나친 것 같지 않다. 그러고 보니 여기를 모진교 전적지라고 하는 것도 이상하다.

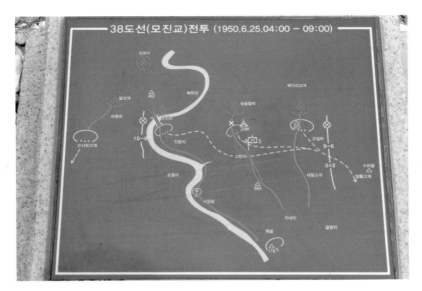

38도선(모진교)전투 (1950.6.25.04:00 - 09:00)

도로 옆에 만들어진 38선 표지석(모진교 전투 상황도). 당시의 5번 국도는 북한강 오른쪽으로 나 있었고, 모진교로 이어졌음을 볼 수 있다.

　이때 비장의 장비 GPS가 동원되었다. 현재 위치를 정밀하게 파악할 수 있는 장비를 이번에 써먹으려고 가져왔다. GPS로 정밀하게 체크하는 동시에 김우선 선생은 주변 주민에게 위치를 탐문하는 방법을 병행했다. 첨단과 원시적 방법을 동시에 사용하여 얻은 결론은 "여기는 38선이 아니다"라는 것이다.

　아니나 다를까. 북쪽으로 조금 더 올라가 보니 또 다른 38선 표지석이 있다. 아까 본 표지석과 달리 시커먼 때가 낀 것이 세월의 무게를 느끼게 해준다. 이게 진짜인 것이다. 어째 아까 그것은 너무 깨끗했다.

　무엇 때문에 또 다른 38선 표지석을 세워 두었는지 내막을 몰랐지만, 나중에 춘천대첩선양회 사람들을 만나 사정을 들을 수 있었다. 모진교가 수몰되어 정확한 지점에 전적비를 세울 수 없게 되자, 이 지점에 전

마평마을 도로변이자 말고개 들머리에 있는 38선 표지석은 1987년에 세워진 것이다.

적비를 세우며 38선 표지석도 사람들이 보기 편한 도로변에 새로 만들어 두었다고 한다. 나름대로 이유는 될 듯하지만, 그러니까 오히려 속사정을 정확하게 알아둘 필요가 있을 것이다. 어쨌든 이 지역에서 전적지를 제대로 답사하려면 지금 남아 있는 길을 무시하고 찾아야 한다는 교훈을 얻은 셈이다.

이런 일을 겪고 난 다음이라 신중해졌다. 우리는 진짜 38선을 표시하는 표지석을 발견하고도 GPS로 체크해 보았다. 그런데 조금 특이한 사실이 드러났다. 표지석의 위치가 정확한 북위 38도선보다 약 100미터 정도 북쪽으로 올라와 있다.

나중에 발견한 38선 표지석을 세운 시기가 1987년이라 정확한 위치를 신경 쓰지 않았을 수도 있지만, 1945년 당시라고 정확했을 것 같지는 않다. 당시에도 정확하게 위도를 측정하기도 어려웠겠지만, 그보다 지형을 감안하지 않을 수 없었을 것이라 한다.

　어차피 현지 사정 무시하고 긋는 가상의 분단선인데, 현지에 와서 작업하던 사람들이 정확하게 나눈다고 산 중턱 즈음에 선을 그을 수도 없는 노릇이다. 춘천대첩선양회 사람들 말로는 당시 38선은 남북 양쪽에 있는 산들 사이에 난 도랑을 중심으로 그어졌다고 한다. 그러다 보니 38선이 북쪽으로 100미터 즈음 올라가 그어졌을 것이라고 추측해본다.

　이런 추측을 할 만큼 여기에 표시된 38선은 산 바로 밑을 지나고 있다. 1950년 당시에는 이 선을 사이에 둔 양쪽 산에 국군과 북한군이 배치되어 대치하고 있었던 것이다.

　이런 식으로 그어진 38선은 전쟁이 터지는 시점에 심각한 역할을 했다. 당시에는 이렇게 육안으로 뻔히 쳐다볼 수 있는 거리에서 양쪽으로 마주보고 있었다. 그랬으니 서로의 위치를 확실하게 파악할 수 있었고, 이런 사정은 공격을 당하는 쪽에 절대적으로 불리하게 작용했다.

　경계진지 같은 주요 거점들이 쉽게 노출되었기 때문이다. 38선상에 포진되어 있던 국군의 경계진지는 전면전이 시작되기 전에 통상적으로 가해지는 '준비사격'으로 휩쓸려 버렸다. 최전방의 거점들이 뻔히 노출될 수밖에 없어, 초전부터 정확한 지점에 포격을 가할 수가 있었고 이 포격으로 관측소 등이 파괴되었던 것이다.

　286고지의 9중대 관측소 같은 경우, 적 포탄으로 중대장을 포함한 1개 분대가 한꺼번에 전사하고 중대 지휘통신체계까지 일시적으로 마비

되었다고 한다. 사람의 힘으로 어떻게 해 볼 수 없는 상황이다. 이때의 교훈으로 휴전 이후에는 쌍방 2킬로미터씩의 '비무장지대'를 두게 된 것이다.

국군에게는 이것 말고도 약점이 있었다. 상대적으로 너무나 형편없는 수준에 묶여 있던 국군의 전력이 근본적인 문제였다. 포격을 당하면서도 소련제 122밀리미터 포에 질적 양적으로 상대가 되지 않던 국군의 화력으로는 이에 걸맞는 응사를 할 수 없었다. 북한군이 준비사격만으로 최전방의 국군 진지를 휩쓸어 버리고 무인지경으로 진격하게 된 것은 예고된 비극이나 다름없었다.

여기서 전적지로서 모진교의 중요성에 대하여 잠시 언급해야 할 것 같다. 당시 이 지역에서 미리 세워 둔 전략대로 작전을 펼치려면 소양강 줄기는 건너야 했다. 그런데 인위적으로 임시다리를 만들지 않고, 전력의 핵심인 전차가 무리없이 지나갈 수 있는 교량은 모진교와 소양교뿐이었다. 그래서 북한 측의 작전을 짜준 소련 군사고문단도 이 교량의 확보를 작전의 성패로 보았을 정도로 집착했다.

모진교를 폭파해서 기갑차량 통과를 막지 못한 데 대해 비판적인 시각이 없지 않으나, 당시 사정을 보면 함부로 말하기는 곤란할 것 같다. 이러한 중요성을 가지고 있던 모진교는 38선에서 불과 300미터 떨어진 지역에 있다. 당시 모진교 방면을 방어하고 있던 병력은 1개 중대였다. 여기에 북한군 1개 연대가 공격해 온 것이다.

그러니 애초부터 여차하면 다리를 폭파하겠다고 만반의 준비를 다 해놓고 대기하는 상태가 아닌 바에야, 난데없이 기습을 당한 국군이 38선에서 300미터 밖에 떨어져 있지 않은 모진교를 무리 없이 폭파해야 했다고 비난하기는 애초부터 무리다.

이런 상황을 감안해 보면 이곳에 배치된 국군부대는 선전했다. 적 부대를 가까이 접근할 때까지 유인한 후 공격하기도 하고, 모진교를 건너는 적 자주포를 공격하기도 했다. 적 포격으로 아군 진지 대부분이 파괴된 상태에서도 2.36인치 로켓포로 적 자주표에 몇발을 명중시켰다고 한다. 또 급거 출동한 57밀리미터 대전차포로도 서원고개에서 남진하는 적 자주포를 명중시켰다는 기록도 있다.

하지만 이런 노력에도 불구하고 적자주포조차 파괴하지 못하자 국군은 후퇴할 수밖에 없었다. 그 결과 북한군은 25일 09시 경, 춘천이 바라다보이는 역골까지 진격할 수 있었다.

여기서 의문이 제기되었다. 57밀리포 정도면 SU-76 자주포 정도는 파괴할 수 있다. 몇 번이나 명중시키고도 파괴가 되지 않은 것은, 명중했던 것이 아니라 명중시켰다고 착각한 것 아니겠느냐는 것이다. 포탄이 터지면서 일어나는 섬광·먼지와 함께 적 차량이 멈춰 서면, 실제로는 운전병이 폭발에 대응하려 차량을 정지시킨 것일 뿐인데도 포를 쏜 당사자는 파괴되었다고 착각할 수 있다. 실전에서 흔히 있는 일이라 한다. 물론 이건 정황으로 추측해 본 것일 뿐이다.

어쨌든 무기와 장비, 병력에서 딸리는 북한군의 전차 진격을 막을 수 있는 최초의 관문 모진교를 별 수 없이 점령당한 것은 일면 당연했다. 북한군 기갑부대는 이렇게 쉽게 장악한 모진교를 통하여 강을 건넜다.

비록 허무하게 점령당했다고는 하지만, 전적지를 탐사하는 입장에서 모진교의 중요성을 무시할 수는 없다. 현지 주민들 중에서도 엉뚱한 곳을 가르쳐 주는 사람이 있을 만큼 모진교의 위치가 잘 알려져 있지 않

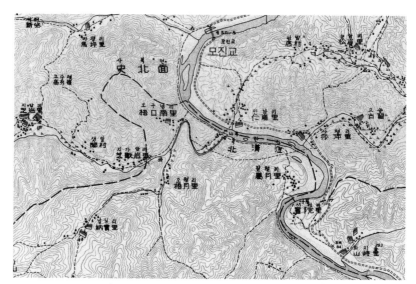

모진교의 위치가 나온 옛 지도

다. 그런 만큼 엉뚱한 곳에 만들어진 모진교 전적지는 그 중요성에 대해 관심 갖는 사람들에게 착각을 유발할 수도 있다.

우리 팀만 해도 한참을 찾아 헤맨 끝에 간신히 모진교가 있던 곳을 찾아 사진에 담았다. 그래 봤자, 사진에 담을 수 있는 것은 강물밖에 없다. 게다가 지금은 춘천댐 완성 이후 지형이 달라져 완전히 다른 방향으로 도로가 뚫려 있다.

모진교가 있던 자리. 지금 모진교는 춘천댐이 만들어지면서 수몰되었다. 그런데 현지 주민의 말로는 가물 때면 모진교가 수면 위로 보인다고 한다.

북한의 침공계획과 최초의 저항

준비사격으로 국군이 심각한 타격을 받았지만, 춘천 전투의 하이라이트는 이 다음부터 본격적으로 시작된다. 그런데 춘천 전투의 의미를 제대로 이해하기 위해서는 먼저 북한의 공격계획과 이에 맞서는 국군의 방어계획부터 알아둘 필요가 있겠다.

북한측 작전의 기본계획은 이렇다.

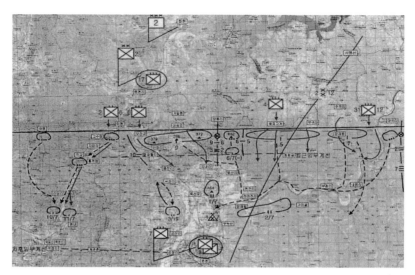

북한 측의 '최근 임무 개선'을 표시한 지도

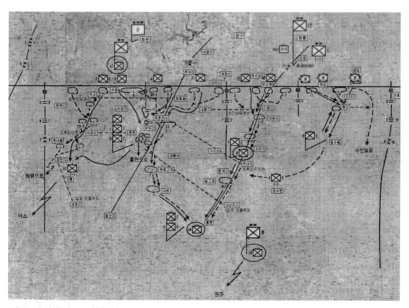

전투 지경선이 표시된 지도

위의 지도에서 보이듯, 2사단과 12사단의 임무는 각각 춘천과 홍천 방어선을 돌파하는 것으로 설정되어 있다.

화천에서 춘천으로 내려가는 통로인 5번 도로는 2사단이 담당하고, 인제에서 홍천으로 내려가는 도로인 현재 44번 도로는 12사단이 전투 정면을 담당하고 내려갈 계획이었다. 여기까지가 군사용어로 북한 측의 '최근 임무 개선'이다.

여기서 재미있는 특징 하나를 발견할 수 있다. 국군의 방어는 직선으로 늘어서 있는 형태인 반면, 북한군의 공격은 사선 방향으로 설정되어 있다. 이 의미가 무엇일까? 공격 방향만 사선 방향으로 설정되었을 뿐 아니라, 도로 위주로 짜여 있었다. 작전계획이 포위 섬멸을 노렸다는 이야기다.

북한군의 편성도 이 점을 노리고 짜였다. 북한군 2사단은 6연대가 주공 역할을 하며 5번 국도를 따라 진격할 계획이었고, 좌익에 4연대를 배치하여 추전리-부용산 좌측계곡-발산리 소로 방면으로 공격할 계획이었다. 17연대는 후방예비(후속지원)로 남겨 두었다. 12사단은 30연대와 32연대 증강된 모터사이클 연대가 배속되어 있었다. 이 중 603 모터사이클 연대가 이천-수원 방면으로 진격하는 고속기동부대의 역할을 맡을 예정이었다.

일단 이 작전목표가 달성되고 나면 후방에 빠져 있던 5사단이 앞의 두 사단을 추월하여 수원 방면으로 진격할 계획이었다. 이는 북한 측의 차후 임무 개선이다. 이와 같은 작전계획에서 북한군이 춘천-홍천을 돌파하여 수원 방면으로 진출하려는 의도를 엿볼 수 있다.

초기의 기습이 성공하여, 미리 세워 놓은 계획에 따라 거의 무저항

옥산포 지역 일대의 지형. 작은 봉우리가 164고지이다.

상태로 진격하던 북한군이 처음으로 저항다운 저항을 받아 전투가 벌어진 곳이 바로 옥산포 지역이다. 여기서부터가 상식을 뛰어 넘는 방어전의 시작이다.

이때 국군 측에서는 1개 중대 병력이 특수 임무를 부여받고 옥산포 방면에 배치되어 있었다. 옥산포라는 지역은 기본적으로 하천과 붙어 있는 평야지역이다. 연대 병력이 밀고 내려오는 정면에, 그것도 방어에 그리 적합하지도 않은 지형에 불과 1개 중대를 배치한 사실은 의미심장하다.

이 지역의 지형 때문에 어쩔 수 없이 취한 조치라고 한다. 현지에 와 보니 그 이유를 이해할 수 있을 것 같다. 이 부근을 아무리 둘러보아도 그나마 방어에 유리한 지역이라고는 164고지와 우두산 정도였다. 여기서 북한군이 침공로로 이용한 5번 도로까지는 3킬로미터 가량 떨어져 있다. 소총 사정거리 밖이다.

옥산포에서 본 우두산. 우두산에서 5번국도까지는 3킬로미터 거리이다.

그러니 공격할 방법이라고는 관측을 통하여 포병에게 포격을 가하도록 하는 방법뿐이다. 그렇다고 고지에서 5번 도로까지 펼쳐진 개활지가 주 공격 통로가 될 것을 알면서 방치할 수도 없었다. 1개 중대에 불과한 병력이 옥산포에서 1개 연대를 방어하게 된 사연은 이런 것이다.

그런데 이렇게 고육책으로 배치했던 1개 중대가 막상 전투가 벌어지자 기대 이상의 역할을 해냈다. 경계진지를 돌파한 북한 제6연대가 SU-76 자주포를 앞세워 5번 도로를 따라 내려오는 상황에 직면한 57밀리미터 대전차포 중대장은 속칭 보대이보루 도선장(지내리 남쪽 1.5킬로미터)으로 대전차포들을 보냈다. 이 지점은 절벽과 S자형 굴곡으로 이루어져 은폐와 기습에 적합했다.

그러나 기록대로라면 여기서 57밀리미터 대전차포의 형편없는 성능이 드러났다. T-34에 비해 훨씬 떨어지는 방어력을 가진 SU-76이었건만, 2발이 명중했는데도 아무렇지도 않게 진격해 왔다고 한다. 결과적으로 경고만 해준 꼴이 되어 버리고 만 셈이다.

북한군 쪽에서는 이 공격을 받고 나서 첨병을 앞세우고 구간 약진을 하는 방식으로 신중하게 진격해 10시 경에는 선두가 옥산포에 이르렀다. 그런데 바로 이렇게 더욱 악화된 상황에서 주목할 만한 전과를 올렸다.

국군 측에서는 1개 소대를 차출, 적을 사농동 쪽으로 유인하고 그 주력이 나타나기를 기다렸다. 12시경, 옥산포를 통과한 적의 주력이 넓은 보리밭에 나타나자 보병과 포병이 일제 사격을 가했고, 여기서 북한군은 상당한 희생자를 낸 채 일단 철수했다.

압도적인 병력 우위를 가진 북한군이 이런 피해를 입게 된 원인은 바로 국군 측에서 지형을 적절하게 이용했기 때문이다. 옥산포에 넓게 펼쳐진 평야는 방어하기에 유리한 지형이 아니다. 현지에서 눈으로 보니, 그 점이 한눈에 들어온다.

더욱이 이 지역에 배치할 수 있는 병력이라고는 적의 병력과 비교하기에도 미안한 수준이다. 하지만 여기서 국군은 그 점을 역이용했다. 1개 소대에 불과한 병력으로 적을 평야지대로 유인하면서 164고지와 우두산에 배치된 포병으로 하여금 공격을 가한 것이다. 방어에 불리한 평야지대가 적을 엄폐물이 별로 없는 곳으로 유인해 격멸시킨 장소로 바뀌어 버린 셈이다.

이런 작전을 펼 수 있었던 데에는 이 지역에 배치된 국군의 용기가 뒷받침되었기 때문이라고 보아야 할 것이다. 우두산이나 164고지처럼 평야 지역에 붙어 있으면서도 별로 높지 않은 고지에서는, 압도적인 적 병력이 접근할 때 상당한 위협을 느낀다고 한다. 웬만해서는 여기서 버

옥산포 지역의 지형. 현재로서는 이 지역이 기본적으로 평야 지역이라는 점을 알 수 있을 뿐, 전투가 벌어졌던 전황을 느끼기는 어렵다.

우두산 정상에 건립된 충렬탑. 6.25 당시 여기 배치되어 전투를 벌였던 국군 6사단 장병들의 용기를 기리기 위하여 세운 탑이다.

틸 배짱이 생길 것 같지 않다.

우두산에서 옥산포를 바라보고 있노라면 그런 공포를 느낄만 할 것 같다. 그런데도 공포를 이겨 내고 위치를 지키며 임무를 수행한 것이다. 3킬로미터 정도 떨어진 고지에서 느끼는 위협이 그 정도인데 눈앞에서 적을 유도했던 부대의 입장은 더 말한 나위가 없다. 이런 대담함이 선전의 밑거름이 되었음은 물론이다. 그런데 국군의 대담함은 이 한 번의 전투에서 끝나지 않았다.

육탄공격과 가래모기 전투

일단 북쪽으로 퇴각했던 북한군은 다시 SU-76 자주포를 앞세우고 다시 옥산포로 공격해 들어왔다. 이번에도 57밀리미터 대전차포로 공격해 보았지만, 명중되었어도 아무 소용 없었다고 한다.

이때 2소대장 심일 소위가 중대한 결심을 했다. 형편없는 대전차포로 헛수고하기를 포기하고 육탄공격을 하자는 것이었다. 심일 소위는 대원 5명을 이끌고 도로 옆의 민가에 숨었다. 손에 들고 있던 건 화염병과 수류탄뿐이었다.

심일 소위는 부하들에게 엄호를 부탁하고 1번 자주포가 지나가자 바로 뒤따르던 2번 자주포에 달려들어 포탑에 수류탄과 화염병을 집어넣었다. 곧바로 앞서가던 1번 자주포도 같은 방법으로 공격했다. 2대의 자주포가 화염에 휩싸이자 나머지 자주포는 퇴각해 버렸다.

글로 이렇게 적기는 쉽지만, 막상 옥산포에 서서 보니 웬만한 사람이 수류탄과 화염병들고 적의 전차나 자주포에 달려들 배짱이 생길 것 같지 않다. 마침 길을 건너가려 건널목에 서있는데 트럭 한 대가 달려오자 사람들이 얼른 물러섰다.

전차는 고사하고 트럭만 지나가도 옆에 가기 싫은 것이 사람의 심리다. 그런데 눈의 띄기만 하면 벌집이 되어버릴 위험을 감수하면서 길 옆 민가에 서서 적 자주포를 기다리다가 공격한 것이다.

표면적으로는 자주포 2대의 파괴에 불과했지만, 그 파급 효과는 컸다. 기록에 나타난 대로라면, 국군이 가지고 있던 대전차포로는 북한의 전차는 고사하고 자주포조차 파괴하기 어려웠다. 그에 따라 국군 병사들은 전차 비슷한 것만 나타나도 공포에 질려 도망부터 생각하던 상황이었다.

이 와중에 방법이야 어떻든 적 전차를 파괴할 수도 있다는 메시지를 주게 된 것이다. 이로 인하여 이후에는 국군 쪽에서 장비에 구애받지 않고 적 전차 파괴에 좀 더 적극적으로 나서게 되었다.

심일 소위의 활약이 없었다면, 국군이 전차 파괴에 적극적으로 나서기 어려웠을 것이며, 홍천에서도 기갑차량을 파괴하는 전과를 기대할 수도 없었을 것이다. 심일 소위가 일종의 롤모델을 보여 주었기 때문에 이후 기갑차량에 대한 공격과 파괴가 가능하지 않았겠느냐는 이야기다.

적에게 트라우마를 가진 병사들에게는 아무리 좋은 무기를 준다고 하더라도 그만큼의 효과를 보기 어렵다고 한다. 만약 이 시점에 적 기갑차량을 파괴할 수 있다는 가능성을 보여 주지 못했다면, 이 자체가 국군의 트라우마로 남았을 것이라는 뜻이다.

여기서 또 다른 의문이 제기되었다. 무엇 때문에 적 자주포가 보병지원도 없이 앞장 섰는지 이해할 수 없다는 것이다. 원래 자주포의 주요 기능은 포병으로 후방에서 지원해 주는 역할이지, 돌파에 앞장서는 것이 아니다.

더욱이 돌파용인 전차조차도 보병지원 없이 움직이는 것이 위험한데, 방어력도 약하고 해치도 없는 자주포를 앞장 세운 이유를 이해할 수 없다고 했다. 이것을 기반으로 여러 의문이 뒤따를 수 있지만, 근본적인 이유는 북한 측만이 알고 있을 일이라 추측만 할 수 있을 뿐이다.

심일 소위의 분전으로 적의 자주포를 격파하여 북한군이 일단 후퇴하도록 했지만, 워낙 전력이 열세인 상황에서 계속 버틸 수도 없었다. 이에 국군은 14~15시 소양강 남쪽으로 포대를 이동시키기 시작했다. 그래서 포병대대는 17시에 제1포대를 춘천역 앞으로, 제2포대를 봉의산 뒤편에, 제3포대를 우시장으로 옮겼다.

어쩔 수 없이 취한 조치였지만, 이러한 포대의 이동은 또 다른 문제를 일으켰다. 당시 국군이 보유한 105밀리미터 포는 사정거리가 최대 6킬로미터에 불과했다. 포의 사정거리는 장약이나 포탄 종류에 영향을 많이 받는다. 그런 것까지 감안한 105밀리미터 포의 최대 사정거리는 4킬로미터 정도다. 즉 포대가 이동한 거리만큼 포격지원이 되지 않는 범위가 늘어난 것이다. 가뜩이나 딸리는 화력에 포병 지원에 있어서 사정거리 축소라는 약점까지 생긴 셈이다.

그럼에도 불구하고 국군은 선전했다. 북한군은 5번 도로 방면의 실패에 화풀이하듯, 방향을 바꿔 164고지와 우두산에 포격과 함께 공격을 가했으나, 이마저도 실패했다.

이 장면에서 북한군은 또 다른 시도를 해 왔다. 6연대를 따라 내려오던 17연대 휘하의 1개 소대를 빼내 수심이 얕은 가래모기를 건너 근화동 방면으로 침투를 시도한 것이다. 한국전쟁을 정리한 책에서는 이 도섭작전이 마치 북한 17연대 병력 전체가 동원된 것처럼 착각하게 써 놓은 경우가 많다.

하지만 그런 내용 옆에 붙어 있는 작전 상황 지도를 보면 이쪽으로 투입된 북한군 병력은 1개 소대 규모였다. 이 상황지도가 틀리지 않는다면 북한군의 의도는 이렇게 읽힌다.

1개 연대 병력이 한꺼번에 도섭을 시도하다가 옥산포처럼 낭패를 당하면 곤란하니, 일단 소수 부대를 침투시켜 본다는 뜻이다. 소대 규모의 도섭이 쉽게 통하면 건너간 부대가 교두보를 확보한 상태에서 본대가 도섭을 시도하는 것도 나쁘지 않은 방법이다.

그러나 결과는 좋지 못했다. 이 지역에 배치되어 있던 부대는 국군 19연대 제3대대다. 18시부터 적의 정찰이 활발해지는 점을 보고 야간 공격이 있을 것임을 직감한 3대대장이 아예 선제공격을 지시해 버렸다고 한다.

이때에도 포병의 지원을 받았다. 누런 보리밭에 들어간 적이 구별되지 않자, 눈으로 보면서 포격을 가했다고 할 정도로 보통 포병과 다른 적극적인 모습을 보였다. 사정거리가 짧은 105밀리미터 포의 약점을 극복하기 위해 보병과 전진·후퇴를 같이 하면서 거리를 맞추었다고도 한다.

도섭을 시도했던 북한군은 희생자만 내고 소양강을 다시 건너 북쪽으로 퇴각했다. 이 전투를 두고 북한군이 막대한 피해를 입었고, 엄폐물도 없는 지형으로 많은 수의 병력을 밀집대형으로 공격하게 했기 때문에 피해가 컸다는 분석을 하기도 한다. 그렇지만 1개 소대의 도섭 시도

현재의 가래모기 일대 지형. 6.25 당시는 이보다 강폭이 더 좁았을 것으로 추정된다.

를 가지고 이런 식으로 분석하기는 좀 민망한 것 같다.

그렇다고 의미가 없지는 않다. 비록 1개 소대 병력이었다 하더라도, 이들이 건너와 북한군의 진격을 위한 교두보를 확보하는 등의 활동을 했더라면 소양교 돌파는 좀 더 빨리 이루어졌을 수도 있다. 이를 막은 것도 성과라고 해 두어야 할 것 같다. 어쨌든 국군의 이러한 선전 덕분에 개전 당일 춘천을 점령하려 했던 북한군의 계획은 수포로 돌아갔다.

하루를 더 끌고 소양강을 방패삼아

개전 첫날의 전투를 마친 북한군은 다음 공세를 위하여 26일 날 밝을 무렵 옥산포에 집결하고 있었다. 그런데 이 무렵 국군 쪽에서도 19연대를 우두산 방면으로 증원해 주었다. 이 병력 증원에 힘을 얻은 국군은 08시경 반격을 가해 버렸다.

반격을 예상하지 못하고, 옥산포에 집결해 있던 1개 대대 규모의 북한군은 예상치 못한 기습공격에 전멸했다고 한다. 이 공격 중에 승무원들이 방심하고 방치해 둔 전차를 발견하고, 승무원은 사살·전차는 수류탄을 던져 넣어 파괴했다는 기록도 있다.

하지만 이 정도가 한계였다. 포격으로 반격하던 북한군은 13시가 되자, 자주포를 앞세우고 공격을 개시했다. 이때 국군 측에서 2.36인치 로켓포로 자주포를 공격했지만, 명중시켜도 소용없었다고 한다.

치열한 교전이 계속되었지만, 적 기갑차량을 파괴하지 못해 기가 꺾인 상태에서 결국 밀릴 수밖에 없었다. 14시경 반격에 나섰던 국군은 164고지로 퇴각했다. 전황을 지켜보던 6사단장은 소양강을 방어선으로 삼아 적을 저지하기로 하고, 예하부대에 이동을 명령했다.

이 명령을 내렸던 봉의산에 올라 보니, 6사단장의 의중을 이해할 수 있을 것 같다. 봉의산을 뒤에 둔 소양교 방면은 천연의 요새였다. 차량이 건널 수 있는 유일한 다리 소양교 자체가 공격 측으로서는 난관이다. 여기에 뒤에 버티고 있는 봉의산도 위압감을 느낄 만한 방어물이었다. '하늘이 내려준 방어진지'라는 찬사가 무색하지 않다.

그런 점을 확인하려 봉의산에 오르던 중 재미있는 점을 발견했다. 한국전쟁이 일어났던 당시처럼 한참 녹음이 우거지는 여름, 봉의산에 올라 보니 우거진 나무들에 가려 소양교가 보이지 않는다는 점이다.

봉의산에서 내려다본 소양교의 모습을 사진에 담으려 했던 김우선 선생께서 어떻게든 소양교가 보이는 곳을 찾아보겠다고, 난간을 넘어갔

봉의산 위에 있는 콘크리트 유개호

다. 사람들이 넘어가지 못하게 설치한 난간을 넘어가는 것 자체가 조금 위험한 행위였지만, 열심히 찍어 보겠다는 열정을 말리지도 못했다.

그런데 바로 이것이 의외의 성과를 얻는 계기가 되었다. 잠시 후 기다리고 있던 필자는 휴대전화로 연락을 받았다. 벙커가 있으니 내려와 보라는 것이었다. 화들짝 놀라 달려가 보니 소양교가 훤히 내려다 보이는 곳이 있고, 그 자리에 콘크리트 유개호가 지어져 있다.

벙커 앞에 서서 소양강을 내려다보니 그야말로 소양교를 군사용어로 '통제'한다는 점에서는 최고의 명당자리다. 강을 건너오는 것을 관측할 수 있으며 사격도 가능한 위치였다.

벙커가 있는 곳에서 내려다 본 소양교의 모습

　당시 국군도 소양교를 훤히 내려다볼 수 있는 자리가 필요했을 것이고, 그런 자리를 찾아 콘크리트 유개호를 만들어 놓았던 것이다. 사진에 열정적인 김우선 선생이 아니었으면 이런 곳이 있는 줄도 모르고 지나갈 뻔했다.

　그럴 만큼 강 쪽에서는 봉의산 위쪽에 있는 것이 거의 보이지 않는다. 심지어는 산 위에 지어져 있는 정자조차도 안 보인다. 그러니까 이곳은 관측을 하고 방어작전을 지휘하는 데에는 더 없이 좋은 자리다. 봉의산이라는 핵심 지형의 존재가 북한군에 얼마나 부담이 되었을지 짐작해 볼 수 있는 장면이다.

　1949~1950년 사이에 김종호 6사단장이 이 지역에 콘크리트 유개호를 구축했다는 기록이 있다. 일찍부터 봉의산 같은 핵심 지형을 적절히

이용하려 했던 노력은 평가해 줄만 할 것 같다.

옥의 티 - 소양 1교(당시 소양교)를 둘러싼 격전

선전했음에도 불구하고, 6월 26일이 지나며 국군은 소양강 북쪽에서 밀려났다. 이후에는 강을 방어물로 하여 강 남쪽에 진지를 구축하고 버티는 단계로 들어가야 했다. 북한군도 이 지역을 돌파해야만 수도권의 국군을 포위·섬멸한다는 목적을 달성할 수 있었기 때문에 적극적인 공세로 나왔다.

소양교 돌파를 위한 북한군의 공세가 본격적으로 시작되기 이전인 6월 26일 20시 경, 6사단 휘하 공병대대장은 소양교 파괴를 건의했다. 그러나 교신두절 등으로 전체적인 전황을 제대로 파악하기 어려웠던 사단장은 이 건의를 기각했다.

앞으로 있을 반격을 위하여 파괴하는 대신 다리에 장애물을 설치해서 저지하는 방법을 택하라고 명령했던 것이다. 결국 이 때문에 북한군은 소양교를 건너 기갑차량을 진입시킬 수 있었다. 이 부분이 소양교 방어에 있어서 '옥의 티'라고 할 수도 있겠다.

이 때문에 소양교 폭파 건의를 기각한 6사단장의 결정을 도마 위에 올려놓는 경우도 있다. 복잡한 문제라 함부로 결론 내리기는 곤란하지만, 너무 결과론에 치우친 비판이 아닌가 싶다. 결과만 따진다면 시점에 따라 달라질 수 있다. 극단적으로는 3개월 후 북진할 때에는 파괴당하지 않은 소양교가 도움이 되지 않았느냐고 할 수도 있으니까. 어쨌던 당

소양교 남단의 강안은 경사가 가파른 벼랑지대이다. 따라서 소양교를 폭파했을 경우 전차 등 기갑차량은 도섭이 불가능한 지형이라는 점이 눈에 띈다.

시 상황을 파악하기 어려웠다는 점을 고려하지 않고 비판만 하기는 곤란할 것 같다.

봉의산에서 내려와 소양교 쪽으로 가 보니, 소양교 폭파를 두고 시비가 걸릴 만큼 소양교를 점령해야 한다는 과제가 북한군에 엄청난 부담이었다는 점이 와 닿는다. 소양교를 보니 다리 교각이 높은 편이다. 소양교에 올라가 강 기슭을 보면 더 확실하게 나타난다. 경사가 꽤 가파르다.

이 사실은 심각한 의미를 가진다. 그 의미를 이해하기 위해 기본 군사상식부터 확인해 보자. 전차 같은 기갑차량이 다리 없이 강을 건너는 데에는 도하와 도섭이라는 두 가지 방법이 있다. 도섭(渡涉)은 전차의 궤도가 강바닥에 닿으면서 건너가는 것을 말하며, 도하(渡河)는 부교 같은 다리를 설치하고 건너는 것을 말한다.

도하는 특별한 장비가 있어야 하는 것이니, 이 글에서 구체적으로 설명할 필요는 없겠다. 단지 그때 북한군은 도하장비가 한 세트밖에 없었고, 이 지역 부대가 가지고 있던 것도 아니어서 일단 논외다.

그러니 소양교가 파괴된 상태에서 기갑차량이 소양강을 건너가려면 도섭을 할 수밖에 없다. 그런데 도섭은 이 지역의 구조를 볼 때 불가능하다는 것이다. 우선 수심이 문제다. 수심이 1.2미터가 넘으면 실질적으로 도섭은 불가능하다고 본다.

사정은 이렇다. 전차의 높이는 2.4미터 이상이 되지만, 보통 차체의 높이는 1.4미터 정도를 넘기가 어렵다. 20센티미터 정도는 고르지 않은 강바닥에 움푹 들어간 곳이 있던가, 물결이 친다던가 하는 정도로도 넘칠 수 있다. 따라서 1.2미터 정도의 깊이가 되면 차체 위로 물이 넘쳐 엔진실로 물이 들어오게 된다고 간주해야 한다. 그렇게 해서 엔진에 물이 들어가면 오도가도 못하고 비싼 전차를 버려야 하는 사태가 생기기 쉽다.

그런데 1930년대 지도에는 당시 소양교의 수심이 1.8미터라고 기록되어 있다. 따라서 이 정도 수심이면 도섭은 안 되는 상황이다. 물론 권총과 수류탄을 양손에 들고 건너오는 것을 보았다는 9중대의 목격담이 있기는 하다. 사람이 건널 수 있었으니 전차로도 건널 수 있었다는 말이 나올 법한 증언이다.

당시 비가 왔기 때문에 수심이 깊어졌을 것이라는 추론도 가능하다. 하지만 춘천대첩선양회 사람들의 증언에 의하면, 25일 비가 내렸지만 12시 경에 그쳤고 그렇게 심하게 내리지도 않았다고 한다.

그러나 수심 문제가 아니어도 극복하기 곤란한 요소가 있었다. 앞서 언급했듯이, 소양강은 강 양쪽 기슭의 경사가 심하게 가파르다. 설사 전차의 궤도가 강바닥에 닿는다 하더라도 강기슭의 경사 때문에 여기서 전차가 올라올 수가 없다는 의미다. 즉 다리가 없으면 탱크가 건널 방법이 없다는 뜻이다.

그래서 국군 측에서도 소양교에 공병중대를 배치하고 있었다. 이 목적은 소양교를 폭파하기 위한 것이었지, 전투를 하기 위한 목적은 아니었다. 일찍 폭파하지 못하는 바람에 전투가 벌어지고 난 다음에는 임무를 완수하지 못하기는 했지만.

북한군이 왜 그렇게 소양교 점령에 집착했는지, 이곳을 둘러보면 이해가 간 것 같다. 모진교를 별 저항 없이 점령한 북한군으로서는 기갑차량이 강을 건너가는 데 마지막 난관으로 소양교만 남게 된 상태였던 것이다.

6월 27일 05시부터 총공격을 위한 준비사격이 소양강 남안과 봉의산 일대는 물론 춘천 시내에까지 가해졌다. 약 1시간 동안 포격을 가한 북한군은 06시부터 공격을 감행했다.

이때 북한군은 2개 방면으로 공격해 왔다. 봉의산 일대의 소양교 정면에 주공을 두고, 한 부대는 가래모기 방면으로 도섭을 시도했다. 소양강교와 가래모기 양쪽 방면에서 전투가 벌어진 것이다.

여기서 또 한 가지 미스터리가 있다. 북쪽에서 보면 소양교의 왼편인 가래울 방면으로는 이렇다 할 공격이 없었던 것이다. 국군 쪽에서는 가래울 쪽을 통해 소양강 남쪽으로 퇴각했고, 그러니 북한쪽에서도 가래울 방면으로 도섭을 시도할 것이라고 우려할 만했다.

그런데 무엇 때문에 실제로는 이쪽으로 이렇다 할 도섭 시도가 없었을까? 춘천대첩선양회 사람들 증언에서 재미있는 이야기가 나왔다. 증언에서 그 해답이 될 수 있는 이야기가 나왔던 것이다.

증언에 의하면 주변에 변전소가 있었다고 한다. 국군 측에서 이 변전소를 이용, 가래울에 고압전류를 흘려넣었다. 그 바람에 이곳을 정찰하던 북한 대원들이 고압전류에 감전되어 보고도 제대로 못 하고 죽게 되었다. 이 때문에 정보를 제때 입수하지 못한 북한 측에서 적절한 시기를 놓치게 되었다는 이야기다. 공식적으로 확인되는 이야기는 아니지만, 일단 흥미로운 이야기이기는 하다.

당시 상황으로 돌아가서, 근화동 쪽에 배치된 국군 19연대에는 "철수하여 홍천 부근에 제2방어진지를 구축하라"는 명령이 떨어져 있었다. 이 때문에 국군은 쉽게 후퇴했고, 상대적으로 돌파도 쉬웠다. 하지만 소양교 정면 돌파는 사정이 달랐다고 한다.

북한군은 먼저 자주포를 소양강 북쪽 강변에 배치하고 봉의산 관측소, 산 중턱과 제방의 화기진지를 파괴하기 시작했다. 이때 심일 소위는 57밀리미터 포로 SU-76 자주포로 보이는 적 기갑차량을 명중시켰고, 선두와 2번 자주포에서 화염이 일어나며 승무원이 탈출했다고 한다. 이 승무원들은 국군이 기관총으로 사살했다고 기록되어 있다.

이런 식으로 희생만 늘어나고 돌파가 되지 않자, 북한군은 화력지원에 주력하던 자주포를 소양교로 돌입시켰다. 소양교에 쌓인 시체 때문에 기갑차량이 전진하기 어렵게 되자, 일부 시체는 강으로 밀어 넣고, 나머지 시체는 궤도로 넘어 강을 건넜다고 한다. 가래모기 방면 역시 도섭에 성공했다.

그때의 교전 흔적이 지금 소양교의 교각에 남아 있다. 그런데 여기서

소양교 교각에 남은 탄흔. 봉의산 정상부 아래에 있는 콘크리트 유개호에서 발사한 기관
총탄이었을 가능성이 크다.

소양교 교각에 남은 탄흔

도 재미 있는 점을 발견했다. 현재 탄흔은 1, 2번 교각에만 집중되어 있는 것이다. 또 한 가지 소양교를 건너면서 살펴보았지만, 교각보다 더 치열한 사격을 받았을 다리 위에는 탄흔이 발견되지 않았다. 처음에는 전쟁이 끝나고 보수를 해서 그렇지 않은가 하는 짐작을 해보았는데, 이 부분에 대해서도 의미심장한 증언을 얻었다.

그동안 다리 보수는 없었다는 것이다. 다리 위에 탄흔이 없는 이유는 다르게 설명해 주었다. 많은 전사(戰史)에서는 소양교 위에서 북한군이 상당히 많이 죽었던 것으로 알려졌다. 그렇게 쌓인 시체들을 전차로 밀어가면서 넘어온 것처럼 되어 있다.

그렇지만 증언에 의하면 북한군이 그렇게 무리하게 소양교 돌파를 시도하지는 않았다고 한다. 다리 위에 장애물을 설치했기 때문에 많은 북한군이 소양교 넘어오려는 시도를 하기도 곤란했다는 것이다. 그래서 소양쪽 남쪽에 그렇게 심한 사격을 할 일이 없었다는 이야기가 된다. 북한군이 다리 중간 쯤 건너왔을 때에는 이미 국군이 철수할 단계여서 심한 교전을 할 상황이 아니었다고도 했다.

사실 다리를 건너며 느꼈던 의문이기도 했다. 당시 소총의 사정거리가 200미터 정도였다는 점에 의문이 제기된 것이다. 아까 봉의산 위에서 발견했던 유개호 정도의 거리에서 사격을 했다고 보면 바로 2번 교각이 있는 거리다.

소양강 남쪽 기슭에서 약간 들어온 곳에서 사격을 했다고 보아도 사정거리에 그리 큰 차이가 나지 않는다. 그렇기 때문에 소양교의 길이가 395미터에 달하는 점을 보면 다리 북쪽에 있는 적에게 소총사격으로 피해를 주기 어려웠을 것이라고 한다.

기록에 의하면 마지막 돌파는 T-34가 마무리했다고 한다. 홍천 지역으로 투입될 예정이었던 북한군 12사단의 일부 부대가 춘천 지구의 고전이 계속되자, 소양교 방면을 돌파를 지원하기 위해 투입되었다. 이 부대 중에 T-34가 있었다.

T-34 전차는 소양교를 돌파하는 작전의 마지막 단계에 투입된 것 같다. 한 기록에 따르면 T-34가 나타나, 파괴되어 소양교를 막고 있는 SU-76 자주포와 시체를 강으로 밀어 넣고 전진해 왔다고 한다. 이 부분이 바로 증언과 상충되는 내용이다.

소양교 남쪽 좌측에 2.36인치 로켓포가 배치되어 명중을 시켰지만, 늘 그랬듯이 전차는 파괴되지 않고 굴러왔고, 소양교 방어선은 속절없이 뚫렸다. 이후 국군 측에서 반격계획을 세워 보기도 했으나, 현실적 위험을 감안하여 포기했다. 그리고 이는 춘천 포기로 이어졌다.

홍천 말고개 전투

홍천 방면에서는 북한군 제2군단 12사단의 공격을 국군 제6사단 2연대가 맞아 싸우는 형태였다. 홍천은 교통 중심지라, 수도권 후방으로 진격하는 작전을 구사하려면 반드시 돌파해야 하는 지역이었다. 이 지역에 표고 600미터 이상의 고지가 많다고 하지만, 홍천 지역 안을 흐르는 화양강과 내린천은 전차의 도섭이 가능하여 춘천 지역처럼 교량확보에 집착할 필요는 없었다.

그래도 국군 측에 유리한 점이 있었다. 이 지역 도로는 차 한 대가 겨

밀고개 지역의 지형. 홍천강을 따라서 44번 국도가 말고개로 이어진다.

우 통과할 수 있는 S자형 굴곡이 연속으로 이어지는 지형이다. 고지를
점령하고 있으면 꽤 멀리까지 적을 감시할 수 있다. 게다가 삼림까지 울
창해서 은폐물과 엄폐물이 풍부하다. 이런 지형을 이용해서 굴곡이 많
은 도로의 양쪽 고지를 선점하고 있으면 공격해 오는 북한군은 모퉁이
를 돌자마자 공격을 받게 된다.

　홍천 지구 역시 개전 첫날의 전투 양상은 다른 전선과 크게 다르지
않았다. 준비 사격으로 경계진지는 휩쓸리고, 자주포를 앞세운 공격에
대처할 무기가 없어 계속 밀렸다. 그러나 준비사격 이후의 공세에서는
지형을 이용한 국군의 공격에 자주포가 파괴되기도 했고, 국군이 간간
이 반격을 가해 보기도 했다. 이 바람에 북한군은 다른 전선에 비해 지
속적으로 피해를 보면 진격해야 했다.

　그렇지만 애초부터 확연한 전력의 격차 때문에 국군의 반격이 오래

지속될 수는 없었다. 국군은 반격이 좌절된 후, 말고개쪽으로 후퇴했다. 기갑차량을 앞세우고 내려오는 북한군의 전술에는 말고개만큼 방어에 적합한 곳도 드물다. 말고개 아래를 통과하는 홍천가도는 차량이 비켜갈 수 없는 좁은 길이다. S자형 굴곡도 많고 벼랑으로 되어 있기 때문에 대전차 공격에 있어서는 매우 중요한 지역이라는 제19연대 작전주임의 보고가 있었다.

하지만 문제점이 없지 않았다. 도로 양편이 절벽으로 되어 있어서 은폐가 안 될 뿐 아니라 호(壕)조차 팔 수 없었다. 겨우 생각해 낸 고육책이 시체를 가장하여 누운 채, 적의 자주포가 다가오기를 기다린다는 것이었다. 적 기갑차량을 공격할 특공대원에게 줄 수 있는 무기조차 수류탄과 안전핀을 제거한 박격포탄뿐이었다.

북한군은 기세를 타고 말고개 방면으로 공격해 왔다. 그동안 굴곡 지점을 돌때마다 사격을 받아 피해 본 경험 때문에 보병을 앞세울 수 없었던 북한군은, 사이드카를 먼저 보내 도로변에 국군이 배치되어 있는지 먼저 확인했다.

이렇게 할 수 있었던 이면에는 전쟁 전부터 미리 수집해 둔 지형 정보가 있었기 때문이라고 한다. 그러고도 마음을 놓지 못하고 국군의 사격에 비교적 안전을 보장받을 수 있었던 자주포를 앞세우고 1개 소대 규모의 병력만 뒤를 따라가게 하는 신중한 진격을 해 왔다.

그럼에도 불구하고 국군은 말고개에서 큼직한 전과를 올렸다. 먼저 모든 화력을 집중시켜 자주포를 따라오는 보병을 떨어뜨렸다. 뒤따라오던 보병이 뒤처지자, 시야가 좁은 자주포는 시체로 위장해 누워 있던 국군 특공대를 지나쳤다.

국군 대전차포의 포격이 선두 자주포에 집중되었고, 이 때문에 선두 자주포의 기동이 일시적으로나마 저지되었다. 그러자 국군 특공대 병사가 선두 자주포에 달려들어 수류탄을 던져 넣었다. 이렇게 되자 뒤따르던 자주포들도 움직이지 못하게 되었고, 진퇴양난에 빠진 승무원들이 탈출을 시도하다가 고지 위에서 가하는 국군의 집중사격에 수많은 희생자를 내고 자주포 10대까지 잃게 되었다.

현재 철정터널 방면으로 뚫린 도로를 타고 홍천을 지나가면 북한군이 피해를 받아야 했을 정도로 지형이 험하다는 느낌은 들지 않는다. 터널을 뚫고 산을 깎아 내어 도로를 직선으로 만들어 놓았기 때문이다. 우리만 하더라도 말고개가 도대체 어디였는지 인식하지도 못하고 터널을 지나쳐 버릴 정도였다.

이런 혼선을 빚을 만큼 일부러 고속화된 도로를 빠져나와 옛 길을

철정터널을 지나는 44번 국도. 6.25 당시 말고개 길은 이 산을 감싸고 도는 S자 커브길이었다.

새로 난 44번 국도에서 빠져나가 옛길로 이어지는 진입로. 제76보병사단으로 가는 길이기도 하다.

4차선으로 직선화된 44번 국도와 철정터널이 뚫리기 전에는 사진에 보이는 2차선 국도로 말고개를 넘었다.

6.25 당시 격전지였던 말고개 일대는 이와 같이 산을 깎아내고 휴게소가 들어서는 등 엄청난 변화로 인하여 과거의 지형을 알 수 없게 되었다.

찾아 나서지 않으면 옛날 모습을 간직한 지형을 알아보기 어렵다. 우리는 76보병사단이 주둔하고 있는 길로 빠져나와 말고개를 찾아 나섰다. 고속도로를 빠져나오니 계곡 사이를 지나는 좁은 도로의 모습이 나오기 시작한다.

군부대가 주둔해 있는 곳을 지나 조금 더 거슬러 올라가니까 그때부터는 하천이 산을 끼고 S자로 굽이쳐 흐르고 있는 지형이 보인다. GPS를 꺼내 확인해 보았다. 여기가 바로 말고개였던 것이다.

지형에 대한 큰 윤곽은 이런 식으로라도 알아보고 사진에 담아 둘 수 있지만, 주변을 둘러보니 그때의 느낌을 그대로 받기는 어려울 것 같다. 여기만 하더라도 지금 고속도로 휴게소가 자리 잡고 있다.

휴게소 바로 옆에는 산을 깎아 길을 낸 흔적이 선명하게 남았다. 이렇게 산을 깎아 놓기 전에는 저 산자락이 하천 가까이까지 뻗어 있었을 것이다. 그 산자락을 돌아나오는 순간 공격당하는 곤혹스러움은 짐작할 수 있을 것 같다.

정리해 보면

춘천-홍천 지구의 전투는 한국전쟁 초기 전투 중, 처음부터 상대가 되지 않는 전력을 가진 북한군에 대해 국군이 거의 유일하게 선전한 경우이다. 보통 험한 산악이 많은 강원도 지역의 방어에 유리한 지형 덕분이라고 해석한다. 물론 그러한 측면이 없지 않다.

하지만 현지에 와서 살펴보면 이 지역의 모든 지형이 방어에 유리하다고만은 할 수 없다. 군데군데 옥산포 지역의 평야나 엄폐물 하나 없는 춘천 말고개의 지형 등 모든 지형적 요소가 방어 측에 유리하게만 작용한다고 할 수 없는 지역이 섞여 있는 것이다.

뒤집어 말하면 처참하게 무너졌던 다른 전선이라고 해서 이용할 만한 지형의 이점이 전혀 없었다고 하기는 곤란하다. 그럼에도 불구하고 춘천-홍천 지역에서 유독 지형을 이용해서 얻은 전과가 많았다. 그만큼 양면의 날이 될 수 있는 지형을 유리하게 이용했던 병력운용이 돋보인다 하겠다.

"북한군은 국군의 전투능력을 무시함으로써 소양강 돌파작전과 말고개 돌파작전 시 전투대형이 아닌 행군대형의 종대 파상 공격을 실시, 국군의 화망에 포착되어 많은 인명손실을 자초하였다"고 쓴 책도 있다.

하지만 어폐가 있는 것 같다.

앞서 살펴보았듯이, 북한군도 위협을 받을 때마다 병력을 전개하고 정찰과 기갑차량을 앞세우는 등 신중함을 보였다. 이 지역의 국군은 바로 이런 상황에서도 전과를 올렸던 것이다.

또 무모할 만큼 공격을 서둘렀다지만, 그건 북한 측이 이 지역 돌파에 수도권 국군의 포위섬멸을 노리는 결정적 역할을 기대했기 때문이다. 결정적 역할을 해야 할 부대가 진격이 막혀 전체 작전에 차질을 빚고 있는데, 최고사령부에서 서둔 사실 자체가 이상할 것도 없고, 이 자체를 실책으로 볼 수도 없다.

더욱이 전체 작전을 위해서는 현장 사정 무시하고 밀어붙이는 수법이 소련군에게는 '악명이 높을' 정도로 일상적이다. 소련 군사고문단에게 전략·전술을 배운 북한도 예외는 아니다. 국군과의 객관적 전력 차이는 압도적이라고 할만큼 컸고, 그런 와중에서도 이 지역 부대는 북한군 중에서도 최정예라 할 수 있는 부대들이었다. 북한 수뇌부로서는 밀어붙이면 뚫을 수 있다는 생각을 해 볼 법했다.

상부에서 독촉을 해대면 이 지역 사령관들로서는 거의 선택의 여지가 없었다고 해도 지나친 말이 아닐 것이다. 현지 부대는 공격 방향을 바꿔가며 쓸 수 있는 수법은 다 썼다.

"엄폐물을 이용해야 했다"는 비판도 한다. 하지만 이 지역을 둘러보면 북한군이 피해를 받은 지역에는 애초에 엄폐물로 이용할 만한 지형지물이 별로 없다. 공격을 포기한다면 몰라도, 어차피 이 지역을 통과해야 한다면 없는 엄폐물을 이용하라는 주문 자체가 무리다.

그러니 6사단의 선전이 북한 측의 실책 때문이라고 하기는 어려울 것

SU-76 자주포. 상부 장갑판이 없는 포탑이라서 승무원이 노출되는 약점이 있다. 국군은 이 점을 노려서 자주포에 대해 지근거리 수류탄 공격을 감행했다.

같다. 대비태세라는 점에 있어서도 이 지역의 국군은 다른 지역에 비해 철저한 측면이 있었다. 전쟁 전부터 어려운 여건 속에서도 진지구축에 힘썼다.

특히 다른 지역에서는 전쟁 바로 전날 상당수의 장병을 휴가 보냈기 때문에 전쟁이 일어나고 난 후 제대로 대처하지 못했으나, 6사단은 위기를 감지하고 병사들을 휴가 등으로 내보내지 않으며 경계상태를 유지했다. 결과론이라고 할 수도 있겠으나, 위기를 감지하고 대비했던 능력만큼은 인정해 주어도 좋지 않을까 한다.

물론 결과적으로 북한의 실책이라고 할 수 있는 점도 없지는 않다. 춘천-홍천 지구의 초기 전투에서 앞장세웠던 것이 SU-76자주포였다는 점이다. 이 기종은 장갑이 약했을 뿐 아니라 포탑에 해치가 없는 자주포다. 그랬기 때문에 특공대원이 달려들어 포탑에 수류탄을 집어넣는 식으로 파괴가 가능했던 것이다.

만약 해치가 있는 전차였다면 이런 공격은 원천적으로 불가능하다. 이 방면에서 주력전차인 T-34가 처음부터 투입되어 앞장섰다면, 초기에 국군의 사기를 올려 이후 여러 차례 시도되었던 기갑차량에 대한 공략이 성립하지 못했을 가능성도 배제할 수 없다.

상당수의 국군 병사들이 전차와 자주포를 구별하지 못했던 상황도 오히려 이런 측면에서는 도움이 되었다고 할 수도 있다. 포탑에 수류탄이나 화염병을 집어넣어 파괴하는 수법은 포탑에 해치가 있는 T-34에게는 쓸 수가 없다. 용감하게 적 기갑차량에 육탄공격을 할 수 있었던데에는 이런 점을 구별하지 못하는 상황도 한몫을 했다고 할 수 있다. '모르는 게 약'이었던 셈이다.

이러한 점을 감안하더라도 국군 6사단의 선전은 평가해 주어도 좋지 않을까 한다. 특히 선전을 하면서도 이후의 전투에까지 대비할 수 있도록 병력을 보존했던 점은 초기의 고전을 극복하는 데에 많은 도움이 되었다고 할 수 있다.

서부전선의 상황과 비교해 보면 병력을 통제할 수 있는 상태에서 밀린 것과 그렇지 못한 데 대한 대비가 확연하게 보인다. 한국전쟁 발발 당시 서부전선의 상황을 직접 목격했던 김종필(당시 중위)의 인터뷰를 참고해 보자.

적군에 밀려 쫓겨오는 국군 장병들은 차라리 몽유병(夢遊病) 환자와 같았다고 했다. 이들의 후퇴를 막기 위해 헌병 독전대(督戰隊)가 총을 들이댔지만 국군들은 그 총구를 손으로 밀면서 그저 내빼기에 바빴다.

헌병 저지선에는 김이 모락모락 나는 군대 밥차가 있었지만, 후퇴하는 장병들은 쳐다보지도 않고 도망치고 있었다.

이런 병력들은 빠른 시간 안에 병력으로서의 가치를 발휘할 수 없다. 6사단은 전투를 치르며 적을 저지하면서도 바로 이러한 사태가 벌어지는 것을 막았던 것이다. 차후 전투에서도 많은 차이가 날 수밖에 없었다. 그것이 결국 북한의 침략을 막고 반격을 하는 데에 중요한 요소가 되어 주었다.

부록 - 방어시설로서의 수원화성 구조와 의문들

수원화성(水原華城)의 미스터리들

수원화성(水原華城)은 주목할 만한 전쟁이 벌어진 전적지라고 할 수는 없다. 그럼에도 불구하고 이번 책에서 부록에서나마 주목해 본 이유가 있다. 현재 알려지기로는 수원화성이 천도까지 염두에 두고 쌓은 도성이며, 따라서 그에 걸맞은 첨단 기술을 동원하여 방어시설로서도 주목할 만한 성이라고 알려졌다. 그러한 중요성이 세계문화유산으로 지정되는 데에도 한몫을 했을 것이다.

하지만 막상 돌아보면 군사적인 방어물이라는 측면에서 여러 미스터리가 남아 있는 것이 사실이다. 방어시설로의 효과를 의심하는 경우도 있으며, "공성전에 대비해 만든 성은 아니다"라는 말도 나온다. 그런 미스터리들에는 뭐가 있는지, 또 무엇 때문에 미스터리가 생기게 되었는

수원 화성의 정문인 장안문은 북쪽에 있다. 한양을 기준으로 하여 정문을 북쪽으로 낸 것으로 보인다.

지 검토해 보는 것도 실제 전투가 벌어졌던 전적지를 보는 것 못지않게 의미가 있을 것 같다.

화성의 정문 - 장안문(長安門)

시작은 역시 수원화성의 핵심적인 시설이라 할 수 있는, 북문이자 정문인 장안문부터 하기로 했다.

여기서 팁 한 가지. 수원화성을 보는 데에는 요령이 있다. 화서문 쪽인 시계 반대 방향으로 도는 편이 훨씬 힘이 들지 않는다는 것이다. 이쪽 방향으로 돌아야 성 길이 내리막으로 되어 있는 구조이기 때문이다.

반대쪽으로 돌면 내내 오르막길을 다녀야 하니 그만큼 힘이 든다는 이야기다.

이곳을 돌아보다 보면 나름대로 정교하게 기획하고 지어졌다는 점은 여러 곳에서 알아보게 된다. 장안문을 중심으로 성을 둘러보면 일정한 거리 안에 치나 포루, 돈대 등이 설치되어 있음을 쉽게 알아볼 수 있다.

그 거리도 되는 대로 만든 것이 아니라, 치밀하게 계산된 것이다. 이들 사이의 거리는 성벽을 공격하는 적이, 적어도 양쪽 중 한쪽 시설에서 쏘는 조총이나 활의 사정거리 안에 들어오도록 만들어져 있다. 이런 방어시설들은 성벽에 달라붙은 적을 공격할 각도를 확보하기 위해 만들어진 것이다. 그렇기 때문에 이 시설들은 사각을 없애도록 설계되는 것이 원칙이다.

여기서 성벽 위에서는 오히려 바로 아래에 있는 적을 공격하기 곤란하다는 점을 감안해야 한다. 영화나 드라마에서는 성벽 위로 몸을 내밀고 적과 싸우다 죽는 장면을 흔히 보여 주지만, 실전에서 그렇게 용감하기를 기대하기는 어렵다. 또 그렇게 무모하게 용감할 것을 요구하다가 병사를 잃는 것도 좋은 일은 아니다. 그렇기 때문에 성안에 있는 병사들에게 몸을 노출시키지 않으면서 적을 공격하게 만들어 줄 수 있는 시설이 필요해지는 것이다.

자세히 들여다보면 화성이 당시로서는 세밀한 점까지 신경 쓴 성이라는 점을 알아볼 수 있다. 성을 쌓는 데 사용한 '성돌'만 하더라도 그렇다. 여기에도 규격이 있다는 기록에 걸맞게 장안문의 성돌은 비슷한 크기로 되어 있다.

그렇게 신경을 쓴 또 하나의 흔적이 있다. 이건 성을 쌓을 때 일반적

장안문 안쪽의 성돌을 보면 크기가 비슷하다. 총탄 자국은 6.25 당시의 흔적이다.

장안문 옹성 안쪽의 성돌에 새겨진 이름. 당시 축성 책임자를 기록해 놓은 것이다.

으로 나타나는 현상이기는 하지만, 성벽 구간마다 성돌 하나를 골라 성벽을 쌓은 사람 명단을 새겨 놓은 것이 보인다. 나중에 문제가 생기면, 명단에 적힌 사람들에게 책임을 묻겠다는 뜻이다.

신경을 쓴 곳은 또 있다. 성 안으로 들어가며 거치는 성문에도, 알고 보면 교묘한 장치가 숨겨져 있다. 그것은 바로 성문 위의 천장에 해당하는 홍예이다. 겉으로만 보면 장식이 된 나무로 만들어진 평범한 천장인 것처럼 보인다. 하지만 여기에도 숨겨진 장치가 있다.

먼저 특수 장치를 한 이유부터 보자. 아무래도 성문, 특히 장안문 같은 중심지는 유사시 주요 공격 목표가 된다. 당시 공격의 주요 수법 중 하나가 불을 지르는 화공(火攻)이다. 화공을 받는 지점에 천장을 나무로만 대충 만들어 놓으면 불이 붙기 쉽다. 이렇게 되면 성문을 방어하는 데에 아무래도 악영향을 주게 된다.

화성 성문의 홍예. 덮개판 위로는 화공을 견뎌낼 수 있는 특수 시설을 해놓았다. 홍예의 덮개판에는 구름무늬를, 그리고 판 위에는 세 가지 재료, 즉 석회, 가는 모래, 황토를 쌓아놓았다. 이렇게 처리를 해놓으면 불이 잘 붙지 않는다.

이를 막기 위해서 나무로 만든 천장 위에 장치를 해놓는다고 한다. 화성의 홍예가 그런 전형적인 사례이다. 화성 홍예의 덮개 판에는 구름 무늬를, 그리고 판 위에는 세 가지 재료, 즉 석회, 가는 모래, 황토를 쌓아 놓았다. 이렇게 처리를 해 놓으면 불이 잘 붙지 않는다. 종이 위에 유리컵 같은 것을 올려놓으면 컵이 올려진 부분에는 불이 잘 붙지 않는 원리다.

이뿐만이 아니다. 조금만 세심하게 뜯어 보면 의미심장한 요소들을 찾아볼 수 있다. 그런 측면에서 주목해 볼 점이 장안문의 옹벽이다.

성문을 직접 공격하기 어렵게 만들기 위해 옹벽을 설치하는 거야 일반적인 수법이지만, 화성의 옹벽에는 또 한 가지 기교를 부려 놓았다. 성을 쌓은 소재에 벽돌과 돌이 섞여 있는 것이다.

이것이 바로 당시 전투 방식의 변화를 의식하고 설계한 흔적이다. 원

화서문의 동벽

돌로 쌓은 성벽은 포탄 맞을 경우 쉽게 무너져 내릴 위험성이 있다. 그렇기 때문에 수원화성은 벽돌과 돌을 사용하여 축성함으로써 대포의 공격에 대비했다.

래 우리나라는 성벽을 쌓는 데 벽돌을 쓰지 않았다고 한다. 중국은 벽돌에 석회를 섞어 단단하게 만드는 기술을 가지고 있었던 반면 우리는 그런 기술을 보유하지 못했기 때문이라는 것이 이유라고 한다.

그런데 수원화성을 쌓는 데는 많은 부분에 벽돌이 사용되고 있다. 왜 그랬을까? 이 점을 이해하기 위해서는 당시 전쟁에 새로운 무기가 등장했다는 점을 의식해야 한다. 그 무기란 바로 홍이포(紅夷砲)다.

이런 포가 나타나면서 성벽이 포격에 허무하게 무너져 버리는 일이 잦아졌다. 또한 포격에 의한 피해도 이전에 나왔던 포에 비해서 매우 커졌다. 수원화성을 쌓을 때에는 바로 이 홍이포를 의식해야 하는 시기였다.

화성치에 배치되어 있는 홍이포의 모형. 그러나 화성 축성 당시 조선은 바퀴 달린 이런 포를 사용하지 않았다.

그래서 성의 구조를 뜯어 보면 홍이포에 대한 대비책이 엿보인다. 하나의 성벽임에도 불구하고 포격에 노출되기 쉬운 부분은 벽돌로, 포격에 노출되지 않거나 성벽의 하중을 견디어야 하는 부분에는 돌을 사용한 점이 보인다. 그럴 만한 사정이 있었다고 한다.

홍이포 정도의 포탄이 명중했을 때 벽돌과 그냥 돌에 주는 충격에 차이가 있기 때문이다. 우선 돌의 경우 포탄을 맞으면 치명적인 파편이 많이 생긴다. 포격으로 인한 피해가 주로 파편에 의해 발생하는 점을 감안하면, 돌을 사용했을 때 아군의 피해가 커지게 된다. 이에 비해 벽돌로 만들어진 부분에 포탄이 맞았을 경우에는 치명적인 피해를 주는 파편이 상대적으로 적게 생긴다.

또 한 가지 차이가 있다. 포탄에 맞아 성벽이 깨지는 경우에도 돌은 보수하기 어려운 반면 벽돌은 수리하기가 상대적으로 쉽다. 그렇기 때문에 장안문의 옹벽에 벽돌과 돌을 섞어 쓰게 되었다는 것이다.

수원화성이 홍이포를 의식하고 설계되었다는 점에 대해서는 또 다른 논란도 있다. 그런 측면에서 강조되는 것이 이른바 '내탁구조(內托構造)'다. 화성 성벽을 보면 성벽 뒤에 흙을 쌓고 여기에 의지해서 성벽을 올리는 형태가 대부분이다.

그렇게 된 이유가 있다고 한다. 일반적인 성 일부에 나타나 있는 것처럼 지상에 성벽만 올라가 있을 경우, 홍이포의 포격에 성벽이 견디기 어렵다. 이에 비해 흙으로 쌓은 벽에 의지해서 지어진 성벽은 포격에 더 잘 견딘다는 것이다. 그래서 수원화성이 내탁구조로 되어 있는 것이 바로 홍이포의 위력을 의식해서 성벽의 방어력을 보완하기 위한 설계였다는 주장이 있다.

그러나 반론도 있다. 여기 적용된 내탁구조는 화포의 공격에 대응한 것이라기보다 성곽 도로의 폭을 확보해서 성을 방어하는 병사들의 활동공간을 확보하기 위한 목적을 가지고 있다는 것이다. 실제로 홍이포가 나오기 이전에 지어진 성에 있어서도 이런 구조는 흔히 나타난다. 즉 뒤에 흙을 쌓고 여기에 의지해서 성벽을 올리는 의도는 굳이 포격에 대한 대비라기보다, 전통적인 성 쌓기 방식에 불과할 수 있다는 것이다. 나중에 수원박물관의 학예관 한 분도 여기에 동의했다.

어쨌든 당시 홍이포의 등장은 여러 가지로 영향을 주기는 한 것 같다. 이러한 홍이포의 중요성을 의식하여 수원화성에도 그 모형이 전시되어 있다. 하지만 여기 전시된 홍이포를 볼 때에는 주의해야 한다. 당시 이곳에 홍이포를 설치했을 리 없음에도 불구하고, 수원화성의 홍이포 모형은 근처 치 위에 설치해 놓았다. 이곳에서는 포를 발사할 수 있는 상황이 아니다. 차라리 장안문 위에서는 가능했다고 한다. 이쪽의 여장이 1.7미터이기 때문에 포 사격이 가능하다는 것이다.

또 한 가지 의식해야 할 점이 있다. 복원할 당시 이런 것까지 의식하기는 곤란했겠지만, 당시 조선에서는 바퀴 달린 홍이포를 사용하지 않았다. 바로 이 점이 조선 홍이포의 특징이라고 할 수 있는데, 수원화성의 홍이포 모형에는 바퀴가 달려 있다. 지엽적인 문제이기는 하지만, 이런 것도 정확하게 알아 두어 나쁠 것은 없다.

화성이 정교하게 지어진 보람 없이 실전에 이용된 적이 없다는 점이 이율배반적이지만, 엉뚱하게 전쟁의 흔적은 수원화성이 만들어졌던 시기가 아닌 한국전쟁 시기의 것이 남아 있다. 수원화성이 미군의 보급로였기 때문에 산발적인 교전이 있었다. 지금도 총탄 자국이 장안문을 비롯한 여러 곳에 남았다. 심지어 대구경 화기에 맞은 흔적도 보인다. 이것을 보면 만들어 놓은 보람이 없더라도 전쟁을 안 치르는 것이 낫다는 생각이 든다.

이외에도 장안문에는 재미 있는 특징이 있다. 해외의 성 특히 터키 같은 곳의 성에는 성벽 바깥과 안쪽 벽, 모두에 문을 만들고 가운데 방을 만들어 방어하게 만든 경우가 많다. 장안문 정도의 규모면 그러한 구도를 갖출 법도 하다.

하지만 화성에는 성벽 바깥쪽 벽에만 문을 만들어 놓았다. 혹시 만들어 놓았던 것이 없어진 것 아니겠느냐는 의심을 한 사람도 있었지만, 흔적조차 없는 점을 보면 애초에 한쪽에만 문을 만들어 놓았던 것이

대구경 화기에 맞은 성벽들. 수원 화성에는 여러 종류의 총탄 흔적이 남아 있다. 6.25 당시 이곳 일대는 미군의 보급로였으며, 산발적인 교전이 있었다.

분명하다.

그리고 또 한 가지 특징이 추가된다. 성문을 바깥쪽으로 열리게 하는 편이 공격자가 성문을 강제로 여는 데 조금이라도 곤란하다. 그래서 외국의 성은 바깥쪽으로 열리게 하는 경우가 많다. 하지만 수원화성을 비롯한 우리나라 성들은 안쪽으로 열리게 되어 있는 것이 대부분이다. 왜 이런 식으로 설계를 했는지 연구해 볼 가치가 있을 것 같다.

안쪽으로 열리게 되어 있는 성문 구조. 공격하는 측의 입장에서는 바깥쪽으로 열리는 문보다 깨기가 더 쉽다.

총안구의 미스터리

　수원화성에 당시로서는 첨단 테크놀로지가 적용되었다고 하지만, 군사적인 가치를 의심하게 하는 요소도 제법 된다. 우선 수원화성이 상당히 큰 규모인 것으로 알고 있는 경우가 많지만, 성벽의 크기는 그다지 높은 편이 아니다. 수원화성에서 가장 높은 곳인 장안성 주변의 성벽이 6~7미터 정도에 불과하다. 고구려 성벽에 비해서 절반 정도의 높이다.

　의문을 가질 점은 또 있다. 수원화성의 설계에서 매우 평가받는 부분이 요소요소에 돈대나 치 등을 설치해 놓았다는 점이다. 하지만 현재 복원된 상태로는 여기에도 맹점이 생긴다. 돈대나 치의 위치 자체는 성벽 어디건 사격에서 보호될 수 있는 사각이 없도록 설계되어 있다.

옆의 치에서 본 장안문의 옹벽. 총안구에서 성 밖을 보았을 때 시야가 대단히 좁다. 따라서 사격 범위도 지극히 제한될 수밖에 없다는 문제점이 드러난다.

겉에서 보았을 때 이 포루의 총안구들에서 금방이라도 탄환이 빗발치듯 쏟아져 내릴 듯
하다. 그러나 안에서 보면 사격 거리와 각도가 제한되어 있다는 문제점이 드러난다.

서로 보완해 주는 치와 돈대

성벽에 뚫려 있는 총안구.

하지만 여기서 문제가 되는 점은 총안구의 위치다. 문제점을 정확하게 이해하기 위해서는 우선 총안구라는 것이 무엇인지 설명할 필요가 있겠다. 성벽은 물론 돈대나 치 등에는, 방어하는 아군을 적의 사격에서 보호하여 안전하게 적을 공격할 수 있도록 성벽 위의 여장 사이에 활이나 조총을 쏠 수 있는 구멍을 만들어 놓았다. 이것을 총안구라 한다.

성벽 밖에서 보면 그럴 듯한 위치에 자리 잡은 것처럼 보인다. 하지만 막상 성안에 들어와 총안구로 밖을 내다보면 당장 난점이 드러난다.

먼저 총안구에서 쏠 수 있는 각도가 너무 제한되어 있다. 돈대에 올라가 총안구로 밖을 내다보면 보이는 부분이 너무나 좁게 만들어져 있는 것이다. 일단 총안구 자체가 너무 작게 만들어져 있기 때문이다.

성 밖에서는 이 총안구의 정면만 피해 있으며 총탄에 맞을 일이 없다. 사격을 하려면 먼저 관측할 수 있어야 하는데 시야가 너무 좁기 때문에 관측 자체가 곤란하기 때문이다.

장안문 근처 돈대에 만들어진 총안구의 크기를 재어 보니 높이가 30센티미터, 넓이가 15~17센티미터 정도 된다. 이런 크기의 총안구로는 대구경 총통은 아예 쏠 수가 없다. 물론 소구경 화기로 사격하는 것은 가능하다. 하지만 그렇다고 문제가 없다는 뜻은 아니다.

사격을 하려면 먼저 관측이 되어야 하는데, 그 자체가 곤란하기 때문이다. 총안구를 통해 내다볼 수 있는 범위가 워낙 좁은 것이다. 직접 총안구를 들여다보니, 이런 범위의 총안구로 밖의 적을 공격하자면, 적이 지나갈 때 타이밍을 맞추어 쏠 수밖에 없다는 점을 분명하게 느낄 수 있다. 이 자체가 명중을 기대하기 어려운 것일 뿐 아니라, 당시 화기로 가능한 일도 아니다.

심지어 성 밖에서도 자세히 보면 자신을 쏠 수 있는 위치를 파악할 수

총안구의 세로 크기(상단). 총안구의 가로 크기(하단). 장안문 근처 돈대의 총안. 높이가 30센티미터, 너비가 15~17센티미터 가량이다.

빛이 보이는 곳만 위험이 되는 총안구. 성벽 밖에서 본 10개의 총안 중에서 위쪽 두번째 총안이 관측과 사격이 가능하다. 나머지 9개 총안에서는 저 두번째 총안에서 관측되는 대상이 보이지 않는다.

있다. 총안구를 들여다보아 흰한 빛이 보이면 자신을 쏠 각도인 것이고, 그렇지 않으면 성안에서는 자신을 쏘는 것은 고사하고 볼 수조차 없다는 뜻이 된다. 그러니 그 각도만 피해 있으면 맞을 일이 없는 것이다.

매우 심각한 문제는 성벽에 바짝 붙어 있는 적을 쏠 수 있는 총안구가 몇 개 되지 않는다는 점이다. 구체적으로 말해서 돈대 맨 위에 설치된 총안구 이외에는 성벽 쪽을 쏠 수 없는 구조다.

공성전이라는 전투 형태가 기본적으로 공격자들이 성벽에 달라붙어 넘어오는 형태가 되는 점을 감안하면 심각한 문제다. 성벽에 달라붙은 적을 공격할 수 있는 총안구를 이렇게까지 적게 만들어 놓으면, 돈대나 치 같은 것을 만들어 놓는 의미가 그만큼 없어진다. 이럴 바에는 뭐 하러

여장에 설치된 총안에서는 성벽 바로 아래 접근한 적에 대한 사격이 불가능하다. 장안문 옹성의 경우 이에 대비하여 끓는 물을 쏟아부을 수 있는 현안이 마련되어 있다.

힘들여 이런 시설들을 만들어 놓고 여기에 총안구를 뚫어 놓았는지 모를 일이다. 이런 의문에 대하여 팀원들이 머리를 맞대고 이와 같은 구조가 나타나는 이유를 생각해 보았다. 대체로 네 가지 정도가 지적되었다.

1. 설계가 잘못되어 있을 가능성.
2. 복원 과정에서 뭔가 잘못 되었을 가능성
3. 설계는 제대로 되었으나 시공 과정에서 잘못 만들어졌을 가능성
4. 뭔가 현재로서는 알 수 없는 이유가 있을 가능성

성벽에서 적을 공격할 주요 수단인 총안구에 이런 미스터리가 있는 반면 별 것 아닌 것처럼 보이는 시설이 효과적인 경우도 있다. 그게 바로

성가퀴 아래쪽에 설치된 현안은 총안의 사격 범위를 피해 성 아래쪽에 바짝 접근한 적을 끓는 물이나 기름을 부어 물리치기 위한 시설이다.

장안문의 옹성의 여장에 있는 오성리

현안(懸眼)이다. 현안이란 성벽의 군데군데에 위에서 아래로 낸 홈을 말한다. 성이 공격(攻擊)을 받을 때 성벽을 기어오르는 적병에게 물 같은 것을 쏟아 붓게 만들어 놓은 것이다. 이게 보기보다 효과가 있다고 한다.

얼핏 보기에는 성벽에 배수구처럼 물이 흘러나올 수 있는 구멍들이 뚫려 있다. 이게 그저 배수를 위해 만들어 놓은 것이 아니라고 한다. 그래서 오성지나 누저와는 그 기능이 조금 다르다. 장안문 같은 성문 위에 있는 오성지는 불을 끄기 위해 물을 담아 두었던 물 저장장소라고 한다. 성문으로 물을 쏟아 붓도록 되어 있는 구멍이 다섯 개라 오성지라 부르는 것이다. 누저는 성문 위 누각에서 물을 빼주는 역할을 한다.

이렇게 단순히 물을 붓는 시설과 달리 현안에서는 비격진천뢰(飛擊震天雷)나 그 기폭장치인 진려포통 같은 폭발물을 던질 수도 있고, 물 같은 것을 부을 수도 있게 만들어져 있다. 얼핏 보기에는 폭발물은 몰라도 물 같은 것이 쏟아지는 정도로 피해를 줄 수 있을 것 같지 않다. 더욱이 비싼 기름을 끓여 쏟아 붓기는 아까웠을 것이고, 물조차 상당한 시간과 연료, 노력의 소모가 필요하다.

급한 전투 상황에서, 여러 어려움을 무릅쓰고 사람이 데일 만큼 물이나 기름을 끓이기는 곤란했을 것이다. 그러니 애써 이런 시설을 만들어놓아야 할 만큼 실질적인 효과가 있었는지 의심이 들 수 있다.

하지만 이것이 의외의 효과를 낸다고 한다. 우선 이 시설이 있는 지점에는 언제 뭐가 튀어나올지 모르는 곳이라는 위험 때문에 적병이 붙기가 곤란해진다. 중요 지점에 이런 구멍이 두세 개가 있으면 10명의 적병이 공격할 수 있는 면적이 이 시설 때문에 6명 심하면 3~4명으로 줄어들게 된다. 이것만으로도 훌륭한 방어효과를 거둘 수 있다는 것이다.

또 기름이든 물이든 사람이 데일 만큼 끓여서 쏟아 부을 필요도 없었다고 한다. 어쩌다가 실제로 끓는 기름이나 물을 부었을지 몰라도, 그보다 훨씬 저렴하고 힘이 덜 드는 물질이 있었다는 것이다. 이른바 '똥물'이다.

지금 생각으로는, 조금 더럽기는 하지만 험악한 전투 상황에서 이것을 맞지 않기 위해서 피할 필요까지 있었겠느냐고 생각하기 쉽다. 하지만 당시 상황에서는 꼭 그렇지도 않다.

위생 관념의 발달에 따라 시설이 어느 정도 확보되어 있는 현대전에서도, 전투 상황에서 청결을 유지하기는 쉽지 않다. 전쟁 중에 전염병 등이 유행하게 되는 이유 중 하나다.

하물며 전근대에는 청결을 유지하기 위한 시설은 물론이고 위생관념조차 제대로 세워져 있지 않았다. 그런 와중에 더러운 오물을 뒤집어쓰게 되면 이는 단순한 불쾌감을 넘어 질병에 감염될 확률을 상당히 높이는 결과가 된다는 것이다. 항생제도 없던 시절이었으니, 지금에 비하면 당시의 병사들에게 상당한 위협이 되었을 것이라는 설명이다.

미석과 남쪽으로 가면서 낮아지는 성벽

수원화성의 성벽 위쪽을 보면 성벽과 여장 사이에 살짝 튀어나온 돌들이 있음을 알 수 있다. 이게 바로 미석(楣石)이라고 한다. 왜 힘들여 이런 것을 만들어 놓았는지에 대해서는 아직 확실한 해답이 제시되지 못하다. 재미있는 점은 이런 미석이 지구 반대편에 있는 오스만 터키의 성에도 나타난다는 사실이다. 앞으로 풀어할 연구과제가 될 것 같다.

화서문 쪽으로 이동하면서 보니 성벽의 높이가 점점 낮아지고 있다.

성벽과 여장 사이에 튀어나온 돌. 미석으로 불리는 이 시설의 용도는 밝혀지지 않았다.

성벽이 낮아지는 양상. 4미터 가량 되는 성벽은 화서문 남쪽으로 갈수록 낮아져 3미터에 이른다.

성벽의 높이를 측정하는 모습

화서문 근처의 성벽만 해도 4미터 내외의 높이에 불과하다. 남쪽으로 이동해가면서 이런 현상은 점점 심해진다. 남쪽 부근에는 3미터 높이의 성벽도 나타난다.

수원화성의 축조 명분을 감안해 보면 뭔가 앞뒤가 맞지 않는다. 원래 수원화성을 쌓았던 명분은 남쪽의 왜구를 막기 위해서라고 했다. 그렇다면 당연히 남쪽 성벽에 중점을 두어 쌓아야 했을 것이다. 하지만 실제로는 북쪽의 장안문 쪽 성벽이 제일 높고 남쪽은 그 반 정도에 불과한 곳이 나타날 정도로 허술하다. 명분과 다른 뭔가가 있었지 않나 하는 의문이 남는 대목이다. 사실 방어거점이라는 측면에서 보면, 수원화성은 북쪽에서 오는 외적에 대해서는 한양 다음의 거점이라는 중요성을 가지고 있다.

그런데 이 문제에 대해서는 수원박물관의 학예관 분과 대화하는 과정에서 어느 정도 사연을 들어볼 수 있었다. 정조가 수원화성의 축조를 지시한 후, 1795년 어머니인 혜경궁 홍씨의 회갑연을 수원화성에서 열 예정이었다. 이 때문에 행사를 의식해서 먼저 공사가 시작된 북문 지역부터 격에 맞게 완성시키려는 경향이 있었다.

시간이 지나며 공사가 진행된 나머지 부분에 대해서는, 아무래도 수원으로의 천도가 흐지부지되며 신경이 덜 가지 않았겠느냐는 이야기였다. 그러면서 반 농담조의 이야기가 오고갔다. 적이 나타나기 쉬운 곳에 설치된 초소에서는 얼핏 적진 쪽에 가장 신경을 쓸 것 같지만, 실제 근무하는 병사들은 뒤에서 시찰 나오는 높은 분들에게 더 신경이 쓰인다는 것이다. 화성의 공사도 결국 공사를 지시한 왕의 눈치를 보는 데에 더 신경을 썼다는 이야기가 된다.

화서문의 문제점

화성의 서쪽 문인 화서문을 둘러보니 여기서도 여러 문제점이 눈에 띈다. 역시 총안구부터 문제다. 화서문 문루에는 총 11개의 총안구가 있다. 그러나 일부 총안구는 기둥 옆에 바짝 붙어 있어, 여기에 대고는 총이건 활이건 쏠 수가 없게 되어 있다. 이런 식으로 되어 있어 사실상 사용할 수 없는 총안구가 4개나 된다. 애써 총안구를 뚫어 놓고 사용할 수도 없게 만들어 놓은 셈이다.

쓸모없는 총안구가 많은 이유로 "위아래에 공안(空眼)을 많이 뚫어서 바깥을 엿보는 데 편리하게" 하려는 의도가 있었다는 설명도 있다. 그렇다면 조총이나 활을 쏠 수 없는 곳에 많은 구멍을 뚫어 놓은 이유는 설명이 된다. 그렇지만 사람이 지나다니기도 힘든 기둥 옆의 총안구가 많다는 점은 좀 다르다. 이런 것이 바깥을 엿보는 데라도 큰 도움이 될지는 의문이기 때문이다.

더욱이 화서문의 총안구에서 밖을 보면 옹성의 위쪽이 눈에 들어온다. 전투가 벌어져 문루의 총안구에서 성 밖의 적을 공격할라치면, 옹성에 배치된 아군의 뒤통수밖에 볼 수 없는 상황인 것이다. 이런 상황이라면 화서문 문루는 방어시설로서의 의미가 없다.

화서문 밖 옹성의 상황까지 감안해 보면 방어시설로서는 황당하기까지 하다. 원래 옹성을 만들어 놓은 이유는, 적이 성문을 직접 공격하지 못하게 하는 동시에, 이를 돌아 성안으로 들어오려는 적군을 옹성과 문루에서 협공하여 섬멸하려는 의도다.

그런데 현재 화서문 쪽을 향하고 있는 옹성 안쪽에는 아예 총안구가

옹성의 위쪽이 보이는 화서문의 총안구. 화서문 문루의 총안에서는 옹성 안에 들어온 적군이 시야에 들어오지 않는다. 더구나 옹성 안쪽에는 총안 자체가 없다. 따라서 옹성에 진입한 적군을 옹성 위나 문루에서 공격할 수 없다는 문제점이 드러난다.

없다. 문루쪽 역시 대부분의 총안구가 옹성 안쪽으로 들어온 적을 공격하는 데 있어서는 사각지대에 만들어져 있다. 이런 식이라면 옹성이나 문루 어느 쪽에서도 적을 공격하기가 불가능하다. 옹성과 문루의 구조가 오히려 공격하는 적에게 방어물이 되어 주는 꼴인 것이다.

이런 문제점을 두고 설계의 문제일까 복원의 문제일까? 라는 쪽에 새삼 설왕설래가 있었다. 말이 오가다 보니, 당시의 사정을 감안해 보면 이런 문제점이 발생하는 것이 무리도 아니라는 말이 나온다.

당시의 조선으로서는 1636년 병자호란이 마지막 대규모 전쟁이었다. 이후 수원화성이 만들어질 때까지 150년의 세월이 흐른 셈이다. 전쟁에서 얻은 데이터는 금세 잊혀진다는 점을 감안하면, "실전 상황을 감안

화서문과 서북공심돈. 일제강점기 당시의 사진이다. 현재와 같은 형태로 복원되기 이전의 모습이 훨씬 아름답게 보인다.

복원된 화서문과 서북공심돈. 이곳을 보던 중, 방어물이라는 측면에서 보면 옹성의 출입구가 너무 넓지 않느냐는 의문도 나왔다. 그러나 수레가 들어와야 하기 때문에 출입구를 넓게 만들어야 했다.

한 데이터를 얻기 어려웠던 상황에서 지어졌다는 점이 근본적인 문제가 아닌가"라는 추측이 유력하게 제기된 것이다.

말이 나온 김에 화성에 만들어진 방어시설들에 적용된 수치들에 어

여장의 너비 측정

총안구의 높이 측정

떤 의미나 문제점이 있을까 해서 화서문을 지나 남쪽으로 가며 여러 가지를 측정하고 계산해 보았다. 먼저 성벽 위의 여장부터. 여장과 여장 사이의 너비가 4.1미터 나온다. 총안구가 3개씩인 점으로 보아, 여장 하나 당 3명을 배치했다는 이야기다. 서일치에서 총안구 기준으로 9명 배치했던 점을 보면 대체로 이런 식으로 배치하는 원칙이 확립되어 있었던 것 같다.

그리고 이쪽 성벽 역시 총안구의 높이에 문제를 안고 있다. 바닥에서부터 60센티미터, 심지어 20센티미터 높이에 총안구가 있는 경우가 허다하다. 더욱이 20센티미터 높이에 있는 총안구는 성벽에서 아래쪽으로 뚫려 있다.

우선 활의 경우, 이런 총안구에 대고는 시위를 당길 수조차 없다. 조총의

바닥에 바짝 붙어 있는 총안구

경우라고 해도 나을 것이 없다. 당시 사용된 조총의 구조와 성능을 감안하면 총안구의 높이는 기본적으로 90센티미터 이상은 되어야 제대로 된 사격을 할 수 있었다고 한다. 게다가 조총이라고 불리는 화승총은 기본적으로 엎드려쏴 자세에서는 사격을 할 수가 없는 것이다. 또 특수한 장치를 사용하지 않는 한, 하향사격 즉 아래쪽으로 쏠 수도 없다.

이와 같이 활이건 조총이건 제대로 쏠 수도 없는 위치에 총안구가 만들어진 이유를 앞서 언급했던 공아이라고 볼 수는 있다. 그러나 그래도 당시 사람들이 만들어 놓았을지에 대해서는 의문이 생긴다. 낮은 위치에 공안을 뚫어 놓았다면 조총이나 활을 쏠 수 있는 다른 총안구가 주변에 있어야 하는데, 그렇지 못한 성벽이 너무 많기 때문이다.

성벽을 계속 따라가다 보니, 각루가 나온다. 지금의 대기초소와 비슷한 개념이다. 휴식을 취할 수 있는 공간으로 활용하기 위하여 밑에 온

각루의 모습

각루 안으로 들어가는 문

돌방이 설치되어 있다. 추운 날씨에 여기서 몸을 녹이며 근무할 수 있게 만들어 둔 것이다.

그런데 각루 옆 성벽은 좀 이상하게 되어 있었다. 성벽의 높이는 3.7

각루 옆의 성벽

미터 인데 비하여 여장은 1.7미터다. 성벽은 너무 낮고 여장은 너무 높다. 높은 산에 의지하고 있으면 성벽의 높이가 낮아도 된다는 말도 있으나, 그런 원리가 이곳 수원화성에 적용되어야 할 논리인지는 의문이다.

수원화성에는 여러 개의 포루가 설치되어 있다. 이 시설 또한 방어시설로서 주목할 만한 의미를 가지고 있다. 포루는 기본적으로 초소개념이라고 한다. 그런데 특색이 있다. 수원화성에서는 포루는, 현재 남아 있는 치 대부분과 다르게 만들어져 있다. 수원화성의 치 대부분은 단순히 돌출되어 있어 성벽에 다가온 적을 공격하는 데 사각을 없애는 역할만 보여 줄 뿐, 성벽을 넘어와 뒤쪽에서 공격하는 상황에서는 별다른 대책이 없는 형태로 복원되어 있다. 이에 비하여 포루에는 측면과 후면을 보호할 수 있는 벽을 둘러쳐 놓고 있다. 현대의 벙커와 비슷한 개념이다.

이런 시설을 한 이유가 있다고 한다. 이런 시설이 없는 성벽에서는 자기 위치를 잘 방어하고 있다 하더라도 다른 성벽에서 뚫려 적이 넘어오

측면과 후면이 보호되고 있는 포루

포루로 들어가는 문

게 되면 측면과 후면에서 달려드는 적에 대해서는 이렇다 할 방어수단
이 없다. 그렇기 때문에 다른 성벽이 뚫렸다는 사실을 알게 되는 순간
방어를 포기하기 쉽다. 성벽 한쪽만 뚫리더라도 전체를 포기하게 되는

측면보호가 되지 않는 치

셈이다.

이에 비해 포루는 측면과 후면에서 적이 접근하더라도 이에 대한 방어수단을 갖추고 있다. 그렇기 때문에 다른 쪽 성벽이 뚫려 이곳으로 적이 몰려오더라도 포루를 거점으로 계속 저항하면서 자기 위치를 사수하고, 더 나아가 반격을 가하여 성벽을 수복할 수 있는 여지를 남길 수 있다. 이를 거점방어라 한다는 설명이다. 수원화성의 서포루는 이런 구조를 잘 보여 주고 있다.

서포루 부근에서 의미심장한 점은 이뿐만이 아니다. 화성 성벽 전체를 통털어 보아도 여장이 남아 있는 곳은 거의 없었다. 현재의 여장 대부분은 현대에 들어서서 복원된 것이다. 그런데 서남각루 성벽에만 옛날 여장이 남아 있다. 시멘트를 발라 놓았는데, 이렇게 해서라도 여장이 무너지지 않게 조치를 취해 놓은 것이다.

남아 있는 옛날의 여장

모처럼 옛날 여장이 남아 있는 곳이라 치수를 재는데 좀 더 열의를 보였다. 사실 여기서 성벽과 여장의 높이를 재기는 쉽지 않다. 몸을 밖으로 내밀고 줄자가 땅에 닿도록 하면서 길이를 재기 쉽지 않은 상황이기 때문이다. 그래도 교대로 여장 위에 올라가 줄자가 땅에 닿는 것을 눈으로 확인하며 높이를 쟀다.

미석까지 성벽의 3.7미터, 전체 길이가 4.3미터이니 여장의 길이는 60센티미터 정도 되는 셈이다. 물론 이 자체도 성벽이 많이 훼손되어 있을 가능성을 감안해야겠지만, 여장을 1.7미터나 되도록 복원해 놓은 점을 감안하면 주목해 볼 만한 자료다.

수원화성의 특징 중 하나는 성의 서쪽 끝에 용도(甬道)를 설치해 놓았다는 점이다. 그 구조도 살펴보면 재미 있다. 용도의 중간에 두 개의 치, 동치와 서치가 만들어져 있고, 그 끝에 서남각루가 있다. 용도의 여

여장의 높이를 재는 장면

장은 1.3미터 정도다.

 용도라는 것을 만들어 놓은 의도부터 해석이 구구하다. 이곳에 대한 공식적인 설명으로는 "옛날 제도에 따르면 용도(甬道)란 것은 군량을 운반하기 위하여 보이지 않게 낸 길이다"라고 한다. 또 "지금의 남쪽 기슭 한 가닥은 성 밖으로 나와서 별안간 높이 솟아 사방의 들을 내려다보게 되어 있다. 만약에 이곳을 막아 지키지 않아서 적군이 먼저 올라가게 한다면 성의 허실을 모두 엿보이게 된다"라는 설명도 있다.

 그러나 이런 설명에 일부는 몰라도 전부 납득이 가지는 않는다. 성 밖으로 뻗어 있는 용도로 무슨 군량을 어떤 목적으로 운반했는지 이해하

용도 쪽에서 본 성

용도의 모습

기가 쉽지는 않다. 또 이곳을 점령당하면 "성의 허실을 모두 엿보이게
된다"는 설명도 그렇다. 이곳을 점령당하는 것이 곤란하다는 점은 이해
가 가지만, 그렇기 때문에 성벽과 구별되는 또 다른 시설, 용도를 내야

노대(상). 노대에서 내려다본 전경(하)

했다는 점은 별개의 문제다.

그래서 이런저런 추측이 오고 간다. 성벽의 길이를 착각하도록 하기 위하여 그랬다는 말이 나왔지만, 이와 다른 해석도 있다. 이쪽까지 성벽을 쌓자니 부담스럽고, 그렇다고 나머지 성벽만으로 방어하자니 찜찜하고. 그래서 방어시설로 삼다가 여의치 않으면 포기해도 그만인 용도를 내서 보강한 것이 아니냐는 주장이 설득력 있게 들린다.

이 문제와 관련해서 군대 경험이 나왔다. 앞에 위장초소를 만들어 놓고 병력을 배치했다가, 공격을 받으면 바로 그 병력을 철수시켰다고 한다. 그러면 대항군들이 그 초소로 달려들었다가 공격목표를 찾지 못해 한참 헤매게 되는 꼴을 직접 보았다는 것이다.

그런데 조금 이상한 점이 있다. 서남각루가 있는 쪽 성벽 위는 비교적 넓은 편이라 여기서 싸우는 병사들이 담당하는 구역이 넓어진다. 왜 이런 부담을 주도록 만들었는지에 대한 의문이 남았다. 이 역시 앞에서처럼 4가지 가능성을 두고 연구해 볼 필요가 있을 것 같다.

용도에서 나와 조금만 이동하다 보면, 노대(弩臺)가 나온다. 이름에 걸맞게 여기에 노를 쏘는 곳이라는 해설판이 붙어 있다. 하지만 대형 노를 쏘기 위하여 만들었다고 보기에는 각도가 나오지 않는다. 노는 직사화기의 성격을 가지고 있는데 노대에서 보이는 건 앞쪽의 성벽이다. 우리 성벽을 쏘자고 여기에 노대를 만들었을 리는 없고……

소형 노를 쏘면 될 것 아니냐고 생각해 볼 수도 있지만 그렇다면 굳이 이 위치에 노대를 만들어야 할 이유가 없다. 공연히 성벽에서 한참 뒤쪽에 만들어 사정거리만 줄여 버리는 셈이다.

그래서 이것은 지휘대가 아니냐는 말이 나온다. 뒤쪽에 누각이 있는

노대 뒤쪽의 서장대

데 이게 바로 서장대다. 여기에 대해 수원화성 홈페이지에는

> 위에 올라가서 굽어 보면 팔방으로 모두 통한다. 석성[석성산]의 봉
> 화와 황교(皇橋)[대항교]의 물이 한눈에 들어오고, 한 성의 완급과 사벽
> (四壁)의 허실은 마치 손바닥 위를 가리키는 듯하다. 이 산 둘레 백리
> 안쪽의 모든 동정은 앉은 자리에서 변화를 다 통제할 수 있다.

라고 되어 있다. 그러나 실제로 이 위치에 서 보면 다른 방향은 몰라도
정작 앞쪽의 상황이 잘 보이지 않는다. 그래서 조금 앞쪽에 높은 시설을
하나 더 만들어 시야를 확보하려 한 것이 아니냐는 추측을 해 보았다.

　이런 추측을 뒷받침하는 사실도 있다. 뒤쪽에 기를 걸 수 있는 깃대

를 양쪽에 하나씩 만들어 놓았다. 여기에 지휘 깃발을 걸어 명령을 내렸을 것이라고 한다.

노대에서 조금 남쪽 방면에 있는 서암문에도 미스터리가 있다. 이쪽 성벽의 높이는 4.3미터가 나온다. 그리 높다고 할 수는 없다. 물론 이 점

서장대 뒤편에 있는 깃대

은 성벽 전체에서 일반적으로 보이는 양상이나 별로 신기할 것은 없다. 진짜 문제가 되는 것은 바로 이곳 암문의 구조다.

암문 역시 옹성처럼 적이 진입하는 상황에 대비해 만든 시설이다. 암문을 통해 들어오는 길은 매우 좁고 또 굽어져 있다. 이런 통로로 진입할 때 위쪽에서 공격을 받으면 매우 난감해진다. 수원화성의 암문 자체는 이런 목적에서 보면 매우 훌륭하게 만들어져 있다.

하지만 조금 이상한 면이 있다. 암문을 통하여 성안으로 들어오는 통로에 여장이 설치되어 있다. 여기에 설치된 여장은 이쪽으로 들어오는 적에게서 아군을 보호하는 엄폐물 역할을 하도록 만들어진 것이다. 그런데 막상 이쪽 여장 위에 서 보면 그런 구실을 할 수 없게 되어 있다. 그 높이가 1.5미터에 달하기 때문이다. 이쪽 여장 뒤에서는 아예 통로가 보이지 않는다. 평균 키가 우리 일행보다 컸을 리 없는 조선시대 병사들

암문

암문의 입구

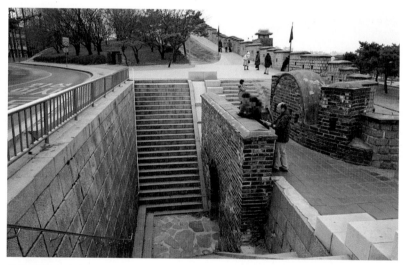

암문 입구의 여장

에게도 마찬가지였을 것이다.

이런 구조에서 통로를 통하여 들어오는 적을 공격하려면 여장 위로 몸을 내밀어야 한다. 그냥 내미는 정도가 아니라 아예 점프를 해야 간

시멘트로 복원된 성벽과 벽돌

신히 통로가 눈에 들어온다. 아래를 향해 쏠 수 없는 조총은 말할 것도 없고, 활을 쏘기에도 불가능에 가까울 정도로 불편하다. 이곳 여장은 적을 곤란하게 하는 것이 아니라, 오히려 아군의 시야를 막고 사격을 불가능하게 해서 보호하는 역할을 하게 되는 셈이다.

그래서 안쪽 여장은 이보다 훨씬 낮았을 것이라는 추측이 가능하다. 그래야 제 역할을 할 수 있었을 것이기 때문이다. 아닌 게 아니라, 이곳은 후대에 복원한 흔적이 뚜렷하다. 벽돌 자체가 시멘트로 만들어져 있으니 당시 벽돌이 아니라는 점을 노골적으로 보여 준다. 이래서야 당시의 모습을 추측해보기도 어렵게 되었다. 일행은 아쉬움을 표시하며 다음 장소로 이동했다.

다음 장소는 서포루다. 벙커처럼 측면 후면이 보호되는 구조는 다른 포루와 같다. 그런데 이곳 포루에는 특징이 있다. 나무로 만들어져 있다

서포루

는 점이다. 그런데 이 점이 또 다른 의문을 낳는 이유가 된다.

나무로 되어 있는 다른 구조물도 그렇지만, 특히 바닥이 너무 약해진다는 문제가 생긴다. 이렇게 바닥이 약하면 포루라는 이름에 맞지 않게 대구경 화기를 사용할 수가 없다. 기껏해야 조총 정도나 사용할 수 있었을 것이라 한다. 그러면 포루를 만든 의미가 퇴색되는 것이다. 이름만 포루일 뿐 전투용이 아니라 의장용 아니냐는 말까지 나온다.

바로 옆에 서삼치도 주목할 만하다. 다른 치에 비해 돌이 옛날 것이라 축조 당시의 모습을 비교적 잘 보존하고 있을 것이라는 기대가 가능하다. 그런 기대에 걸맞게 여기에는 측면과 후면에 방어시설이 되어 있다. 사실 치는 단순히 성벽 쪽 적을 공격할 사각을 없앤다는 의미에 더

서포루

후면 방어시설의 흔적이 보이는 서삼치

하여 방어거점이라는 의미도 있다.

그러니 포루처럼 측면과 후면을 방어할 수 있는 시설이 있었을 법하다. 그런데 서삼치 이외의 치는 측면과 후면을 방어하는 시설이 없는 형태도 복원되어 있다. 그나마 원형이 많이 남아 있는 서삼치를 보면 오히려 다른 치들도 이렇게 만들어져 있었던 것이 아닌가 한다.

서삼치의 측면 방어시설

　옆에 있는 서남포사를 보면 복원에 대한 아쉬움이 좀 더 커진다. 돌에 나 있는 드릴 자국이 현대에 복원된 곳임을 선명하게 표시해 주고 있다. 어쩔 수 없는 일이었겠지만, 복원 과정에서 놓쳐 버린 요소가 있었던 것 같다.

서남포사

이곳 성벽에 쓰인 돌을 보면 현대식이 아닌 전통식으로 돌을 자른 사례의 흔적도 볼 수 있다. 전통 방식에서는 소나무를 꽂아 놓고 여기에 물을 먹여 팽창하도록 만드는 방식으로 돌을 잘랐기 때문에 아래와 같은 흔적이 남는다. 그래서 현대식 드릴로 자른 돌과 구분할 수 있는 것이다.

옛 방식으로 돌을 자른 흔적

　이쪽 위치도 원래는 좀 넓었을 것 같다. 현안이 있어야 하는데, 현재 복원된 모습에는 나타나지 않는다.

낮게 배치된 총안구와 현안의 흔적

사소한 특징들

남포루를 돌아 나가다 보니, 이곳에 근린공원을 만들면서 쌓았던 일
본식 축대가 보인다. 전통적인 돌쌓기 방식과 대조해 볼 만하다. 전통적
인 한국 방식에서는 네모난 돌을 옆쪽과 위쪽으로 쌓아 나아간다. 이에
비해 일본에서는 네모난 돌을 옆으로 돌려 마름모 꼴이 나오게 만들며
쌓아 나아간다. 양쪽 다 일장 일단이 있으니, 문화적 차이라고 보아야
할 것이다.

전통적인 성돌 쌓기 방식

일본식 성돌 쌓기 방식

이곳에 있던 사당터를 바탕으로 복원한 성신사(城神祠)라는 사당이 나온다. 또한 사찰의 흔적도 있다. 보통 산성에는 성을 관리하는 사찰을 두는 일이 많다. 수원화성은 산성이 아님에도 부속사찰을 두었다.

성신사

수원화성의 남쪽문인 팔달문으로 가는 쪽에서는 옛모습을 찾기가 어렵다. 시장이 들어서면서 아무래도 훼손이 심하다. 이쪽 길의 성벽은 지형이 다 바뀌어서 의미가 없는 복원이 될 것 같다. 적대가 있었는데 완전히 유실되었다고 한다. 현재 이쪽 성벽은 계단식으로 만들어져 있다. 이것부터 문제가 될 여지가 남는다. 당시에 이런 계단식 구조물이 만들어져 있었을 리가 없을 텐데……

계단식 구조물이 있는 화성 남쪽 성벽

팔문쪽에 남아 있는 성벽 높이는 1미터 남짓밖에 되지 않는다. 반면에 여장은 성벽보다 훨씬 높은 기형적 모습이다.

팔달문 쪽에 남아 있는 성벽 높이도 1미터 정도에 불과하다. 유실되었다는 점을 감안해도 북쪽에서부터 점차 성벽이 낮아지고 있다는 흐름에서 벗어나지 않는다.

동삼치 쪽으로 가니 유실 후 복원의 문제가 좀 더 심각하게 드러나는 것 같다. 이곳의 여장은 5.3미터에 달한다. 다른 곳과 크기가 다를 뿐 아니라 총안구 바로 밑에 물 붓는 곳이 있다. 총안구에서 사격하는 병사와 물을 붓는 병사가 서로 방해가 되는 구조인 것이다. 원래 이런 식으로 만들어졌을 것 같지는 않다.

동이포루가 있는 곳의 성벽은 4미터 정도다. 이 근처에 봉돈이 있다. 이것은 포루에 봉수대, 치의 기능까지 겸하게 해 놓은 것이다. 주변에

맨 왼쪽 총안구와 겹쳐 있는 물 붓는 곳.

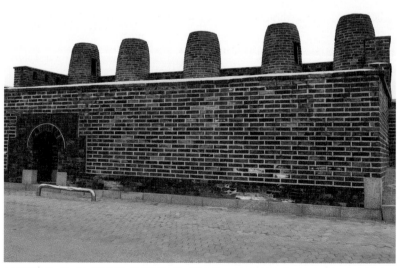

동이포루와 동포루 중간에 설치된 봉돈. 봉돈은 포루와 봉수대, 치의 기능까지 겸하고
있다.

있는 두 포루, 동이포루와 동포루의 중간에 설치되어 있다. 일반적인 봉
수대가 산 정상에 설치된 것과 달리 화성의 성벽 위에 설치된 것이다.

그런데 여기서도 의문점이 있다. 뒤층과 아래 층의 총안구가 같은 위
치인 일렬로 배치되어 있는 것이다. 위층에서 사격하는 병사가 아래층
병사의 활동을 방해할 수 있는 구조인 것이다.

봉돈에 배치된 총안구의 위치. 위 아래 총안이 같은 선상에 설치되어 있어 두
명이 동시에 사격할 수 없는 구조이다.

창룡문 옆에 있는 동북노대.

창룡문 옆쪽에도 노대가 설치되어 있다. 동북쪽에 있다고 해서 동북노대로 이름을 붙여 놓았다.

이곳의 여장은 2.2미터로 서노대에 비해서 높게 만들어져 있다. 그런데 이 역시 쇠뇌를 쏘기 위해 설치했다고 보기에는 좋은 구조가 아니다. 가까이 접근하는 적에 대한 사격을 이쪽의 여장이 방해하게 되기 때문이다. 앞서 본 서노대보다 그런 문제가 더 심각하게 나타나게 되어 있는 구조인 것이다.

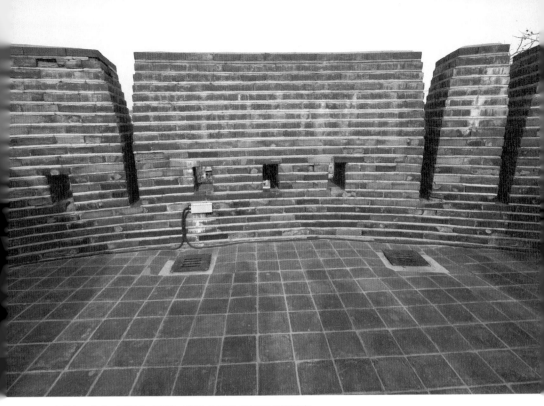

동북노대의 여장(상). 동북노대의 측면과 후면의 여장(하)

동북공심돈

또 재미있는 점도 있다. 현재 복원된 노대의 왼쪽은 성벽 쪽에 붙은 적을 관측하고 사격할 수 있게 되어 있다. 하지만 오른쪽은 불가능하다. 이 역시 복원의 문제일지 설계의 문제일지 궁금해지는 대목이다.

동북노대를 지나면 동북공심돈이 나타난다. 공심돈이란 각종 화기를 배치해서 요새 역할을 하도록 만들어 놓은 곳이다.

이곳의 입구는 1.6미터에 불과하다. 입구를 작게 만들어 진입이 불편하게 만들어 놓은 것이다. 이곳의 안쪽에도 방이 있어 휴식장소로서의 역할이 가능하다. 문 동쪽으로 공심을 막아서 온돌 한 간을 지어 놓고, 방안(方眼)을 창으로 삼았다.

동북공심돈 출입문

그런데 이곳의 총안구 역시 이상한 곳에 뚫려 있다. 상당수의 총안구 바로 바깥에 여장이 설치되어 있어 이곳으로는 성 밖을 향해 사격할 수가 없게 되어 있다. 심지어 어떤 총안구에서는 하늘만 보인다. 김우선 선생께서 당시에도 대공포를 설치했던 것 아니냐는 우스갯 소리를 하신다.

이런 식이라 쓸만한 곳에 뚫어 놓은 총안구가 오히려 적다. 공심돈 맨 위에는 아예 바닥에 붙은 총안구도 있다. 이런 곳은 관측을 위한 공안이라고 보기에도 너무 불편한 곳인 것 같다.

이곳의 복원 형태에는 또 한 가지 의문이 있다. 다른 곳은 누각의 처마가 여장하고 붙어 있다 못해 여장 위로 솟아 있다시피 한다. 그런데 이곳은 북동포루와 함께 누각이 여장에서 제법 떨어져 있다.

사용이 곤란한 총안구의 위치

　이 역시 의미심장한 요소를 놓치고 있지 않은가 하는 것이다. 누각의 처마를 여장에 바짝 붙여 놓는 이유가 있기 때문이다. 당시만 해도 활이 매우 중요한 역할을 하는 무기였다. 그런데 활은 곡사화기의 성격을 가지고 있다. 그렇기 때문에 누각의 지붕이 화살에 대하여 방탄효과를 가지고 있다는 것이다.

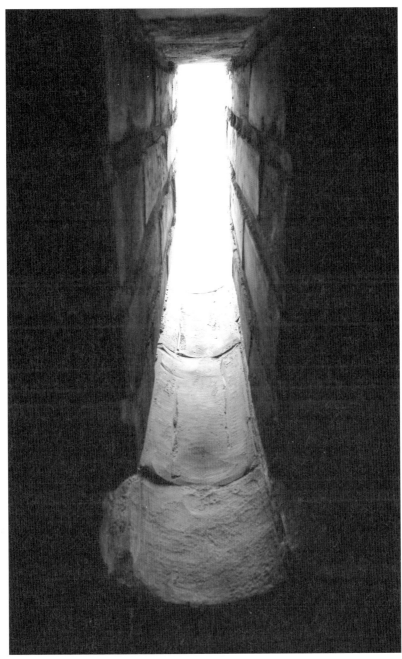

하늘만 보이는 총안구

여장을 덮지 못하는 누각의 지붕

기둥과 바싹 붙어 있어 사격이 불가능한 총안. 지붕은 성벽을 덮고 있어서 화살을 막아 준다.

여장과 누각의 지붕이 바짝 붙어 있으면 누각 안으로 화살이 들어올 수가 없게 되지만, 이런 식으로 떨어져 있으면 누각 안으로 화살이 들어올 공간이 생긴다. 그래서 보통은 누각의 지붕과 여장이 바짝 붙어 있게 만든다고 한다. 그러니 유독 이곳만 화살에 대한 방탄 효과가 떨어지도록 누각을 설치한 점은 의문이라는 것이다.

심지어 동북포루처럼 여장과 포루 사이가 벽돌로 메워져 있는 경우도 있다. 이렇게 되면 이곳에서 성벽을 오가며 성 밖의 적을 공격할 수가 없다. 당시 이런 식으로 성벽을 만들었을 것 같지는 않은데 이런 점은 이후 연구해 보아야 할 과제가 아닌가 한다.

비교가 되는 다른 곳의 누각 지붕과 여장. 누각의 지붕이 여장을 덮고 있다.

일제강점기 당시의 화홍문과 방화수류정. 수원 화성 가운데 가장 아름다운 곳이기도 하다.

복원된 화홍문. 7간의 홍예로 된 다리를 하천 위에 걸쳐서 설치하였다.

북동포루를 지나면 화홍문이 나온다. 여기에는 다른 성문과 구별되는 독특한 특징이 있다. 바로 물길이 나 있다는 점이다. 즉 북수문이라고도 불리는 화홍문은 성안으로 흐르는 하천이 들어오는 문이다.

화홍문을 이와 같이 설계한 이유가 있다고 한다. 이 지역에는 여름 장마 때마다 강물이 넘치는 재해가 발생했기 때문이다. 그래서 성을 쌓기 시작할 때에 물길을 내는 것부터 했다는 것이다. 물길을 넓혀서 잘 통하게 만들고 7간의 홍예로 된 돌다리를 하천 위에 걸쳐서 설치하였다. 그리고 유사시에는 여기 철창을 만들어 사람이 들어오지 못하도록 만들었다.

그 옆에 있는 시설물이 바로 방화수류정이다. 물이 흐르는 옆에 화려한 정자가 서 있는 것이다.

현재 남아 있는 방화수류정. 이 정자의 또 다른 이름은 동북각루이다. 위쪽은 정자이지만 아래쪽은 포루라는 군사 시설을 겸하고 있는 독특한 구조이다.

안내문에는 방화수류정이라는 뜻이 "꽃을 찾고 버들을 찾아 노닌다" 라는 점만 강조해서 휴양용 시설이라는 측면만 강조되어 있다. 그러나 이것은 단순히 놀기 위해서만 지어진 정자는 아니다.

　　방화수류정의 또 다른 이름이 동북각루다. 즉 각루의 역할도 할 수 있도록 만들어졌다는 이야기다. 단지 각루 위에 정자가 지어져 있는 형태일 뿐이다. 그래서 다른 각루들과 다른, 독특한 구조로 되어 있다. 위쪽에는 화려한 정자가 만들어져 있는 반면, 아래쪽은 포루로 구성되어 있다. 포루와 함께 휴양용 시설이 있는 셈이다.

　　이에 대해서는 수원 화성에 대한 관광 안내 사이트에

　　　동쪽의 물림난간 아래에도 판문을 내고 숨었던 적병의 발사에 대비
　　하여, 포루의 제도와 같이 하였다.

동북각루의 포루 출입문. 포루 역할을 할 수 있게 만들어 놓았다.

방화수류정 옆의 성벽과 여장에는 2층으로 총안이 뚫려 있다. 그러나 문제는 사람이 서 있을 수 있는 공간이 없다는 점이다.

는 기록이 인용되어 있다. 이곳도 군사적인 역할을 의식해서 만들어 졌다는 뜻이 되겠다. 그만큼 나름대로 요충지에 자리를 잡고 있다. 이를 묘사하는 기록 하나 더 인용해보자.

성이 이곳에 이르면 산과 들이 만나게 되고 물이 돌아서 아래로 흘러 대천에 이르게 되니, 여기야말로 실지로 동북 모퉁이의 요해처이다. 장안문을 잡아 당겨 화홍문과 이어지게 함으로써 앞뒤로 서로 마주 응하여 1면을 제압하고 있다. 그리고 절벽을 따라 성을 쌓고 바위에 누를 세우니 편액은 방화수류정(訪花隨柳亭)이라 하였다.

라 해서 전 참판 조윤형(曺允亨)의 글이 인용되었다.

동장대

그런데 방화수류정 옆의 성벽에도 이해가 가지 않는 요소가 있다. 이
곳 성벽과 여장에는 2층으로 총안구가 뚫려 있다. 그리고 여장 사이에
물 붓는 곳이 설치되어 있다.

그런데 이상한 점은 2층에 총안구가 뚫려 있는데, 이 총안구에는 사
람이 서 있을 수 있는 공간이 없다는 점이다. 하다 못해 사람이 서 있을
수 있는 발판조차 없다. 그저 2층으로 되어 있는 여장과 성벽에 총안구
만 뚫려 있을 뿐이다. 이런 구조라면 2층의 총안구는 거의 쓸모가 없는
셈이다.

여기서 동쪽인 창룡문 방면으로 조금 더 가면 나타나는 곳이 동장대

동장대에 남아 있는 깃대

다. 이곳은 평상시 군사들을 훈련하고 지휘하는 장대이다. 그래서 연무대라고도 한다. 이런 목적으로 만들어졌기 때문에 사방이 잘 보이도록 벽이 없다. 사열하는 곳으로도 이용할 수 있다. 시설물 중 가장 위용이 있다는 안내가 붙어 있기는 하지만, 이것은 주관적이니 접어 두기로 한다.

이곳이 지형상 높은 곳은 아니지만 사방이 트여 있고, 등성이가 험하게 높이 솟아 있다. 동쪽 구릉인 선암산(仙巖山)의 요지이자 성 중에서 지휘소를 설치할 만한 요충지이다. 그래서인지 동장대 뒤쪽에도 서장대와 마찬가지로 깃대가 세워져 있다.

이 옆에는 특이한 시설이 있다. 여기서부터 지구상의 몇몇 지점이 열

지구촌 각 지점과의 위치 표시

마나 떨어져 있는지 보여 주는 시설물이다. 이런 것이 무엇 때문에 하 필 이곳에 서 있어야 하는지는 모르겠지만.

여기서부터 동쪽으로 돌아 다시 장안문까지 가는 도중에도 많은 시 설물이 있기는 하다. 그러나 대부분은 이 지점까지 오면서부터 보아 왔 던 시설물과 같은 성격의 것이다. 이런 이유로 나머지 시설물의 소개는 생략하기로 한다.

정리하면서

　수원화성이 공들여 지어진 성이고, 그래서 세계문화유산으로 지정될 만큼의 가치가 있음은 분명하다. 그렇지만 하나하나 뜯어 보지도 않고 무조건 잘 지어진 성이라는 찬사만 보낸다고 화성의 가치가 살아나는 것은 아니다.

　당시는 세계가 전근대에서 근대로 전환되는 시기였다. 이러한 전환기에 수원 화성은 근대식 화기에 대비한 흔적이 어느 정도 보이기는 하지만, 근대적 무기를 동원한 공성전에 대비한 성이라고 하기는 곤란한 점도 있다. 그래서 문제점도 많이 드러난다.

　그 문제점 때문에 당대 최고의 기술로 만들어진 전근대 개념의 성이라는 평가를 받을 수도 있다. 일부의 경우, 원래 설계보다 복원 과정에서의 잘못 때문에 생겨난 문제일 수 있다. 이 점은 이후의 추가적인 연구를 통해 보완되기를 바란다.

책을 맺으면서

앞에서 각 시대마다 우리 역사의 흐름에 중요한 영향을 준 전쟁의 역사적 현장을 돌아본 내용을 정리해 보았다. 현장을 찾아 보며 기록으로만 보던 것과 많이 다른 사실들을 확인할 수 있었다. 그만큼 글로만 이해하는 역사와 현장감을 느끼는 역사가 많이 다를 수 있다는 뜻이 되겠다.

뒤집어 말하자면 현장을 돌아보며, 그동안 알려지지 않았던 새로운 사실들을 발굴하는 효과를 거두었다고도 할 수 있다.

물론 몇 번 현장을 돌아보며 찾아낸 사실만으로 이 책에서 다루었던 전쟁들의 모든 진실을 밝혀냈다고 할 수는 없을 것이다. 그렇지만 나름대로 의미를 찾을 수는 있을 것 같다. 우선 지금까지 우리 사회에서는 이 책에서 시도했던 것처럼 전쟁이 일어났던 현장을 찾아 새로운 사실을 찾아내려는 노력이 별로 없었다. 그보다 가보기도 어려운 외국의 전쟁, 특히 서양의 것을 소개하는 데 더 큰 비중을 두어 왔다고 할 수 있다.

그러니 이 책은, 우리가 쉽게 찾아 볼 수 있는 우리 땅에서 일어난 전쟁의 현장을 찾아 새로운 사실을 밝혀 보려 했다는 데에서 의미를 찾을 수 있을 것이다. 또 그러한 시도를 했던 얼마 안 되는 콘텐츠 중에서도, 대중이 쉽게 읽을 수 있도록 만들어진 것은 더더욱 없었다. 나름대로 새로운 시도인 셈이다.

우리 사회에도 전쟁사에 관심을 갖는 마니아들이 제법 많이 늘어났다는 점을 감안해 보면 이러한 시도를 한 콘텐츠의 양산이 좀 늦었다는 감이 없지 않다. 뒤늦게나마 시도된 이 책에 비록 만족스럽지 못한 측면이 있다고 하더라도, 그런 시도를 기다리던 애호가들에게는 중요한 참고가 될 수 있을 것이다. 더 나아가 이 책이 우리 역사 속의 전쟁에 대해 책상 위가 아닌 현장을 찾아가며 복원을 시도하는 풍조가 자리잡는 디딤돌이 되었으면 한다.